Klasse 3/4

Eva Eiden

Wochenplan Nomen, Verben & Adjektive

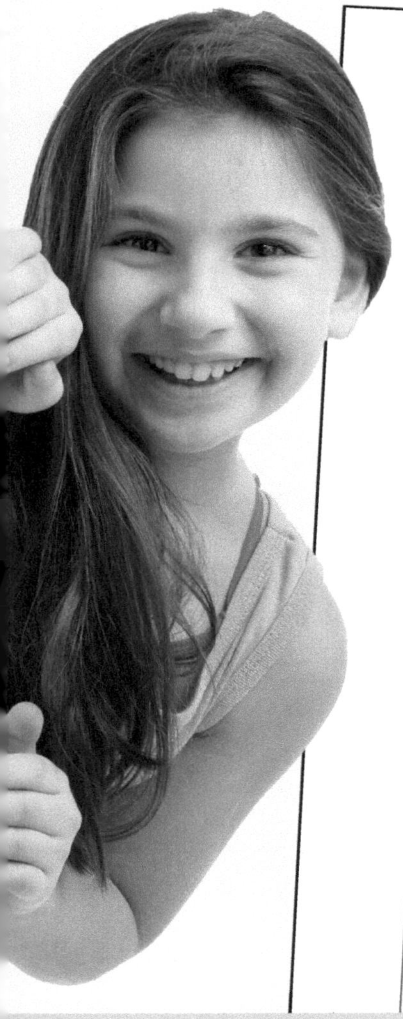

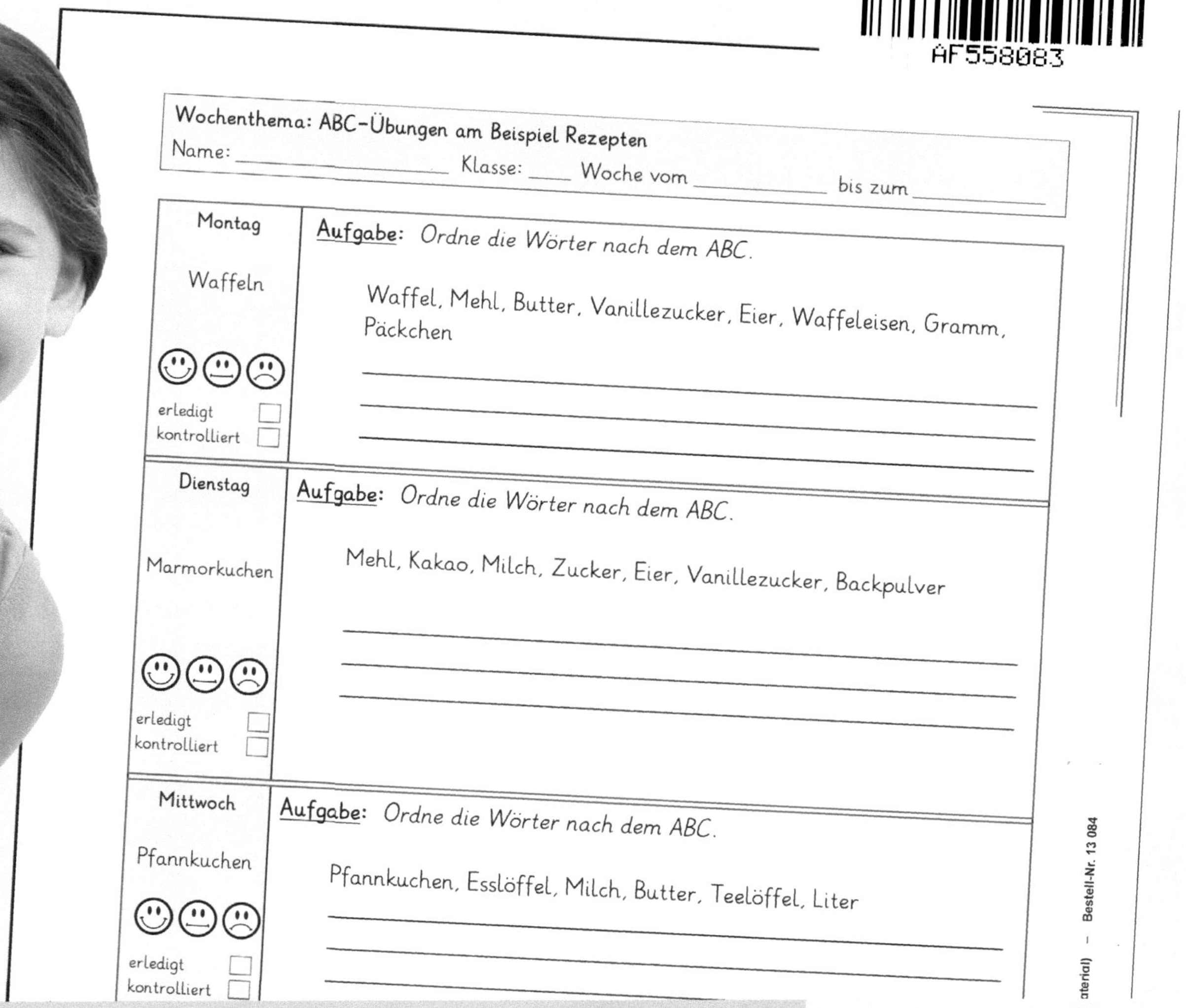

Wochenthema: ABC-Übungen am Beispiel Rezepten
Name: ____________ Klasse: ____ Woche vom ____________ bis zum ____________

Montag Waffeln erledigt ☐ kontrolliert ☐	**Aufgabe:** Ordne die Wörter nach dem ABC. Waffel, Mehl, Butter, Vanillezucker, Eier, Waffeleisen, Gramm, Päckchen
Dienstag Marmorkuchen erledigt ☐ kontrolliert ☐	**Aufgabe:** Ordne die Wörter nach dem ABC. Mehl, Kakao, Milch, Zucker, Eier, Vanillezucker, Backpulver
Mittwoch Pfannkuchen erledigt ☐ kontrolliert ☐	**Aufgabe:** Ordne die Wörter nach dem ABC. Pfannkuchen, Esslöffel, Milch, Butter, Teelöffel, Liter

aterial) – Bestell-Nr. 13 084

- **Fördermaterial zur Stärkung der Rechtschreibung**
- **Einteilung in 5 Einheiten**

Wochenplan Nomen, Verben & Adjektive

Klasse 3/4 (Fördermaterial)

3. Auflage 2026

Inhalt: Eva Eiden
Umschlagbild: © m.psc - AdobeStock.com
Redaktion: Kohl-Verlag
Grafik & Satz: Kohl-Verlag
Druck: Elanders Druck, Waiblingen

Bestell-Nr. 13 084

ISBN: 978-3-98841-156-3

Verwendete Schrift: *„Grundschrift“ von Christian Urff, lizenziert unter CC-BY 3.0*

Bildquellen © AdobeStock.com:
S. 2: © Africa Studio; S. 5: © marikova, savanno; S. 7: © marikova, savanno; S. 9: © marikova, savanno; S. 11: © marikova, savanno; S. 13: © savanno, marikova; S. 15: © marikova, savanno; S. 17: © marikova, savanno; S. 19: © marikova, savanno; S. 21: © marikova, savanno; S. 23: © marikova, savanno; S. 25: © marikova, savanno; S. 27: © marikova, savanno; S. 29: © marikova, savanno; S. 31: © marikova, savanno; S. 33: © YG Studio, savanno; S. 35: © YG Studio, savanno; S. 37, 39, 41, 43, 45: © YG Studio, savanno, Ievgen Melamud, Pikisuperstar, Kateina; S. 47: © topvectors; S. 51: © VectorBum; S. 53: © guukaa; S. 55: © shintako; S. 57: © Anna Velichkovsky; S. 59: © Happypictures; S. 61: © Nadzin; S. 63: © Mykola Syvak; S. 65+67: © Katerina; S. 69+71: © CNuisin; S. 73: © visual; S. 4-74: © Do Ra; **S. 76**: © Accountanz, fendy, luismolinero, alex83m, yoyonpujiono & Ghost Rider

Kontakt: Kohl-Verlag, An der Brennerei 37-45, 50170 Kerpen
Tel: +49 2275 331610, Mail: info@kohlverlag.de

Inhalt

Vorwort

Sehr geehrte Kolleginnen und Kollegen,

aufgrund langjähriger eigener Erfahrungen als Grundschullehrerin mit Wochenplänen, möchte ich meine Ideen und mein Wissen zum Arbeiten mit Grundschulkindern, festhalten und dieses Heft zum Thema Wochenpläne herausbringen.

Dabei wird Ihnen sicherlich auffallen, dass auf einer Seite gar nicht so viele Übungen möglich sind, weil die kindliche Schrift häufig mehr Platz benötigt, als bei uns Erwachsenen. Da es mich selbst immer gestört hat, wenn Kinder Arbeitsblätter bearbeitet haben, auf denen sie nicht ordentlich schreiben konnten, da der Platz fehlte, sie über Ränder schreiben mussten oder irgendwo dazwischen geschrieben haben, möchte ich mit diesen Wochenplänen, Anregungen geben und gleichzeitig sagen, dass weitere Übungen einer Aufgabe im Heft weiter bearbeitet werden können. Ob Sie dafür ein extra Grammatikheft mit den Kindern anlegen oder ob Sie die jeweiligen Aufgaben mit in ihr normales Deutschheft schreiben, sei Ihnen überlassen.

Darüber hinaus sind Rechtschreibkenntnisse auch im digitalen Zeitalter wichtig und erforderlich!

Um nicht im späteren Verlauf des Lebens bei Bewerbungen zu scheitern, ist es sinnvoll und notwendig, die Grundkenntnisse der deutschen Grammatik zu beherrschen.

Daher ist es sinnvoll, Nomen (Namenwörter), Verben (Tunwörter) und Adjektive (Wiewörter) auseinander zu halten und richtig schreiben zu können, sowie zu wissen, wie man Satzanfänge im Deutschen schreibt. Ebenso benötigt jeder Schüler die Fähigkeit, sich in unterschiedlichen Zeiten (Vergangenheit, Gegenwart, Zukunft) angemessen auszudrücken. Natürlich gibt es weitere grammatikalische Kenntnisse, deren Anwendung zu wissen lohnt, wie zum Beispiel die wörtliche Rede, die in diesem Heft aber nicht behandelt wird.

Besonders in der Freiarbeit eignen sich Wochenpläne, um diese grammatikalischen Themen in einer angenehmen Lernform zu präsentieren. So hat jeder Schüler die individuelle Möglichkeit, sich diese selbstständig und in eigenem Tempo anzueignen.

Bei dieser Arbeit sind Selbstkontrollen für die Kinder von Vorteil, da sie selbstständig überprüfen können, ob sie alles richtig gelöst oder wo sie noch Fehler gemacht haben. Dieses Heft bietet Ideen und praktische Übungen, um den eigentlichen Deutschunterricht zu unterstützen.

Die hier aufgeführten Wochenpläne zum Thema Grammatik ergeben sich aus der Aufsatzerziehung, die jeder Lehrer im dritten und vierten Schuljahr vermitteln sollte.

Vorwort

Mit diesem Grammatikheft, Rechtschreiben üben mit Wochenplänen, erarbeitet der Lehrer gemeinsam mit dem Schüler die Grundlagen im Bereich der Aufsatzerziehung im dritten und vierten Schuljahr. Damit erhält die Arbeit an der Grammatik einen Sinn.

Der Aufbau der Wochenpläne ist so strukturiert, dass jeweils die einzelnen grammatikalischen Bereiche, Nomen, Verben (Präsens, Präteritum), Adjektive, Silbentrennung und ABC- Übungen, im Aufbau immer gleich gestaltet sind, so dass sich die Lehrkraft nach einer Einführungsphase, möglichst oft zurück nehmen kann. Die Kinder erkennen im Laufe ihres Arbeitens diese Wiederholungen, und werden daher auch mit den Selbstkontrollen recht schnell selbstständig umgehen können. Dieses Ziel wird dadurch unterstützt, dass auf einer Seite immer nur Nomen oder nur Verben in Übungen bearbeitet werden können, wodurch eine schnellere Automatisierung ermöglicht wird.

Im ersten Teil finden Sie die 28 Wochenpläne. Die Lösungen (gleicher Aufbau wie die Wochenpläne) befinden sich im zweiten Teil und das Zusatzmaterial ist am Ende des Heftes zu finden.

Der Wortschatz orientiert sich an Themen wie Gruselgeschichten, Rezepten, Briefe schreiben, ...

Viel Freude und nachhaltige Lernerfoge wünschen der Kohl-Verlag und

Eva Eiden

Didaktisch-methodischer Hinweis:

Im dritten und vierten Schuljahr benötigen viele Kinder noch mehr Platz zum Schreiben, daher befinden sich auf den Arbeitsblättern/Wochenplänen nur einige Übungen. Weitere Aufgaben zu den jeweiligen Übungen sollten die Kinder daher selbstständig in ihr Deutschheft schreiben. Eine entsprechende Arbeitsanweisung dazu finden Sie unter jeder Übung. Daher sind die ersten Aufgaben auf dem Arbeitsblatt zu lösen und die weiteren Übungen werden ins Deutschheft geschrieben.

Allgemeiner Hinweis:

Mit dem Begriff Schüler ist selbstverständlich auch die Schülerin gemeint. Der Einfachheit halber wird lediglich die männliche Form verwendet.

Weisen Sie Ihre Schüler darauf hin, nach der Bearbeitung jeder Aufgabe beim passenden Gesicht eine Selbstreflexion durchzuführen:

 = die Aufgabe fiel mir leicht

 = ich musste etwas nachdenken

 = hier benötige ich noch Erklärungen

KOHL VERLAG Wochenplan Nomen, Verben & Adjektive / Klasse 3/4 (Fördermaterial) – Bestell-Nr. 13 084

Wochenthema: Nomen am Beispiel Rezepte

Name: ____________ Klasse: ____ Woche vom ____________ bis zum ____________

Montag Waffeln ☺ 😐 ☹ erledigt ☐ kontrolliert ☐	**Aufgabe:** *Schreibe die Nomen mit bestimmtem Begleiter (der, die, das) richtig auf. Bilde mit den Wörtern jeweils einen Satz und schreibe ihn in dein Heft.* die waffel ➲ die Waffel _______ mehl ➲ _______________ _______ butter ➲ _______________ _______ vanillezucker ➲ _______________ _______ ei ➲ _______________
Dienstag Marmorkuchen ☺ 😐 ☹ erledigt ☐ kontrolliert ☐	**Aufgabe:** *Schreibe die Nomen mit unbestimmtem Begleiter (ein, eine) richtig auf. Bilde mit den Wörtern jeweils einen Satz und schreibe ihn in dein Heft.* _______ tüte mehl ➲ _______________ _______ pack kakao ➲ _______________ _______ butter ➲ _______________ _______ milch ➲ _______________ _______ tüte zucker ➲ _______________ _______ ei ➲ _______________ _______ tütchen backpulver ➲ _______________
Mittwoch Pfannkuchen ☺ 😐 ☹ erledigt ☐ kontrolliert ☐	**Aufgabe:** *Schreibe die Nomen mit bestimmtem Begleiter (der, die, das) richtig auf. Bilde mit den Wörtern jeweils einen Satz und schreibe ihn in dein Heft.* _______ pfannkuchen ➲ _______________ _______ teelöffel ➲ _______________ _______ milch ➲ _______________ _______ butter ➲ _______________
Donnerstag Bananenquark ☺ 😐 ☹ erledigt ☐ kontrolliert ☐	**Aufgabe:** *Schreibe die Nomen mit bestimmtem Begleiter (der, die, das) richtig auf. Bilde mit den Wörtern jeweils einen Satz und schreibe ihn in dein Heft.* _______ quark ➲ _______________ _______ banane ➲ _______________ _______ sahne ➲ _______________ Tipp: Nomen schreibt man groß!
Freitag ☺ 😐 ☹ erledigt ☐ kontrolliert ☐	**Aufgabe:** *Schreibe fünf Nomen deiner Wahl aus dieser Woche in der Einzahl und Mehrzal richtig in dein Heft.* *Beispiel:* die Banane – die Bananen

KOHL VERLAG Lernen mit Erfolg Wochenplan Nomen, Verben & Adjektive / Klasse 3/4 (Fördermaterial) – Bestell-Nr. 13 084

Wochenthema: Nomen am Beispiel Rezepte **(LÖSUNGEN)**

Name: ____________________ Klasse: ____ Woche vom ____________ bis zum ____________

Montag

Waffeln

☺ 😐 ☹

erledigt ☐
kontrolliert ☐

Aufgabe: *Schreibe die Nomen mit bestimmtem Begleiter (der, die, das) richtig auf. Bilde mit den Wörtern jeweils einen Satz und schreibe ihn in dein Heft.*

die waffel ➲ die Waffel
das mehl ➲ das Mehl
die butter ➲ die Butter
der vanillezucker ➲ der Vanillezucker
das ei ➲ die Eier

Dienstag

Marmorkuchen

☺ 😐 ☹

erledigt ☐
kontrolliert ☐

Aufgabe: *Schreibe die Nomen mit unbestimmtem Begleiter (ein, eine) richtig auf. Bilde mit den Wörtern jeweils einen Satz und schreibe ihn in dein Heft.*

eine tüte mehl ➲ eine Tüte Mehl
ein pack kakao ➲ ein Pack Kakao
eine butter ➲ eine Butter
eine milch ➲ eine Milch
eine tüte zucker ➲ eine Tüte Zucker
ein ei ➲ ein Ei
ein tütchen backpulver ➲ ein Tütchen Backpulver

Mittwoch

Pfannkuchen

☺ 😐 ☹

erledigt ☐
kontrolliert ☐

Aufgabe: *Schreibe die Nomen mit bestimmtem Begleiter (der, die, das) richtig auf. Bilde mit den Wörtern jeweils einen Satz und schreibe ihn in dein Heft.*

der pfannkuchen ➲ der Pfannkuchen
der teelöffel ➲ der Teelöffel
die milch ➲ die Milch
die butter ➲ die Butter

Donnerstag

Bananenquark

☺ 😐 ☹

erledigt ☐
kontrolliert ☐

Aufgabe: *Schreibe die Nomen mit bestimmtem Begleiter (der, die, das) richtig auf. Bilde mit den Wörtern jeweils einen Satz und schreibe ihn in dein Heft.*

der quark ➲ der Quark
die banane ➲ die Bananen
die sahne ➲ die Sahne

Freitag

☺ 😐 ☹

erledigt ☐
kontrolliert ☐

Aufgabe: *Schreibe fünf Nomen deiner Wahl aus dieser Woche in der Einzahl und Mehrzal richtig in dein Heft.*

Beispiel: die Banane – die Bananen

individuelle Lösungen

KOHL VERLAG Wochenplan Nomen, Verben & Adjektive / Klasse 3/4 (Fördermaterial) – Bestell-Nr. 13 084

Wochenthema: Verben am Beispiel Rezepte

Name: ________________ Klasse: ____ Woche vom ____________ bis zum ____________

Tag	Aufgabe
Montag Waffeln ☺ 😐 ☹ erledigt ☐ kontrolliert ☐	**Aufgabe:** *Schreibe die Verben in der Ich – Form, Du – Form und in der Wir – Form auf. Schreibe es so wie im Beispiel in dein Heft. Finde selbst noch Beispiele.* **essen, backen, probieren, rausholen, belegen, mögen** Beispiel: ich esse, du isst, wir essen
Dienstag Marmorkuchen ☺ 😐 ☹ erledigt ☐ kontrolliert ☐	**Aufgabe:** *Schreibe die Verben in der Ich – Form, Du – Form und in der Wir – Form auf. Schreibe es so wie im Beispiel in dein Heft. Finde selbst noch Beispiele.* **backen, rühren, naschen, auskratzen, aufessen** Beispiel: ich backe, du backst, wir backen
Mittwoch Pfannkuchen ☺ 😐 ☹ erledigt ☐ kontrolliert ☐	**Aufgabe:** *Schreibe die Verben in der Ich – Form, Du – Form und in der Wir – Form auf. Schreibe es so wie im Beispiel in dein Heft. Finde selbst noch Beispiele.* **verteilen, belegen, probieren, salzen, essen** Beispiel: ich verteile, du verteilst, wir verteilen
Donnerstag Bananenquark ☺ 😐 ☹ erledigt ☐ kontrolliert ☐	**Aufgabe:** *Schreibe die Verben in der Ich – Form, Du – Form und in der Wir – Form auf. Schreibe es so wie im Beispiel in dein Heft. Finde selbst noch Beispiele.* **verrühren, süßen, genießen, essen** Tipp: Verben schreibt man klein! Beispiel: ich verrühre, du verrührst, wir verrühren
Freitag ☺ 😐 ☹ erledigt ☐ kontrolliert ☐	**Aufgabe:** *Schreibe nochmal alle Verben dieser Woche in dein Heft.*

KOHL VERLAG Wochenplan Nomen, Verben & Adjektive / Klasse 3/4 (Fördermaterial) – Bestell-Nr. 13 084

Wochenthema: Verben am Beispiel Rezepte

Name: ____________________ Klasse: ____ Woche vom ____________ bis zum ____________

Montag Waffeln erledigt ☐ kontrolliert ☐	ich esse, du isst, wir essen ich backe, du backst, wir backen ich probiere, du probierst, wir probieren ich hole raus, du holst raus, wir holen raus ich belege, du belegst, wir belegen ich mag, du magst, wir mögen
Dienstag Marmorkuchen erledigt ☐ kontrolliert ☐	ich backe, du backst, wir backen ich rühre, du rührst, wir rühren ich nasche, du naschst, wir naschen ich kratze aus, du kratzt aus, wir kratzen aus ich esse auf, du isst auf, wir essen auf
Mittwoch Pfannkuchen erledigt ☐ kontrolliert ☐	ich verteile, du verteilst, wir verteilen ich belege, du belegst, wir belegen ich probiere, du probierst, wir probieren ich salze, du salzt, wir salzen ich esse, du isst, wir essen
Donnerstag Bananenquark erledigt ☐ kontrolliert ☐	ich verrühre, du verrührst, wir verrühren ich süße, du süßt, wir süßen ich genieße, du genießt, wir genießen ich esse, du isst, wir essen
Freitag erledigt ☐ kontrolliert ☐	essen, backen, probieren, (raus)holen, belegen, mögen, rühren, naschen, (aus)kratzen, verteilen, salzen, verrühren, süßen, genießen

KOHL VERLAG Wochenplan Nomen, Verben & Adjektive / Klasse 3/4 (Fördermaterial) – Bestell-Nr. 13 084

Wochenthema: Adjektive am Beispiel Rezepte

Name: ____________________ Klasse: ____ Woche vom ____________ bis zum ____________

Montag Waffeln ☺ 😐 ☹ erledigt ☐ kontrolliert ☐	**Aufgabe:** *Du findest bestimmt zu jedem Adjektiv das Gegenteil.* *hell* – ____________ *kalt* – ____________ *weich* – ____________ *dunkel* – ____________ *heiß* – ____________ *fest* – ____________
Dienstag Marmorkuchen ☺ 😐 ☹ erledigt ☐ kontrolliert ☐	**Aufgabe:** *Du findest bestimmt zu jedem Adjektiv das Gegenteil.* *schwarz* – ____________ *flüssig* – ____________ *süß* – ____________ *kalt* – ____________ *heiß* – ____________ *weiß* – ____________ *fest* – ____________ *sauer* – ____________
Mittwoch Pfannkuchen ☺ 😐 ☹ erledigt ☐ kontrolliert ☐	**Aufgabe:** *Du findest bestimmt zu jedem Adjektiv das Gegenteil.* *groß* – ____________ *klein* – ____________ *flüssig* – ____________ *fest* – ____________ *weich* – ____________
Donnerstag Bananenquark ☺ 😐 ☹ erledigt ☐ kontrolliert ☐	**Aufgabe:** *Du findest bestimmt zu jedem Adjektiv das Gegenteil.* *weiß* – ____________ *süß* – ____________ Tipp: Adjektive schreibt man klein!
Freitag ☺ 😐 ☹ erledigt ☐ kontrolliert ☐	**Aufgabe:** *Schreibe alle Adjektive dieser Woche mit passendem Gegenteil in dein Heft.*

KOHL VERLAG Wochenplan Nomen, Verben & Adjektive / Klasse 3/4 (Fördermaterial) – Bestell-Nr. 13 084

Wochenthema: Adjektive am Beispiel Rezepte

Name: ____________________ Klasse: ____ Woche vom ____________ bis zum ____________

Montag Waffeln ☺ 😐 ☹ erledigt ☐ kontrolliert ☐	*hell – dunkel* *kalt – heiß* *weich – hart* *dunkel – hell* *heiß – kalt* *fest – weich*
Dienstag Marmorkuchen ☺ 😐 ☹ erledigt ☐ kontrolliert ☐	*schwarz – weiß* *flüssig – fest* *süß – sauer* *kalt – warm* *heiß – kalt* *weiß – schwarz* *fest – weich* *sauer – süß*
Mittwoch Pfannkuchen ☺ 😐 ☹ erledigt ☐ kontrolliert ☐	*groß – klein* *klein – groß* *flüssig – fest* *fest – flüssig* *weich – hart*
Donnerstag Bananenquark ☺ 😐 ☹ erledigt ☐ kontrolliert ☐	*weiß – schwarz* *süß – sauer*
Freitag ☺ 😐 ☹ erledigt ☐ kontrolliert ☐	*hell – dunkel, kalt – heiß, weich – hart, dunkel – hell, heiß – kalt, fest – weich, schwarz – weiß, flüssig – fest, süß – sauer, körnig – flüssig, groß – klein,*

Wochenthema: Silbentrennung mit Wörtern zu Rezepten

Name: ____________ Klasse: ____ Woche vom ____________ bis zum ____________

Montag Waffeln ☺ 😐 ☹ erledigt ☐ kontrolliert ☐	**Aufgabe:** *Schreibe die Wörter wie im Beispiel mit Silbentrennung auf.* Waffel – Waf-fel Mehl – ____________ Butter – ____________ Vanillezucker – ____________ Eier – ____________ Gramm – ____________
Dienstag Marmorkuchen ☺ 😐 ☹ erledigt ☐ kontrolliert ☐	**Aufgabe:** *Schreibe die Wörter wie im Beispiel mit Silbentrennung auf.* Butter – But-ter Kakao – ____________ Mehl – ____________ Milch – ____________ Zucker – ____________ Eier – ____________ Vanillezucker – ____________ Backpulver – ____________
Mittwoch Pfannkuchen ☺ 😐 ☹ erledigt ☐ kontrolliert ☐	**Aufgabe:** *Schreibe die Wörter mit Silbentrennung auf.* Pfannkuchen – ____________ Teelöffel – ____________ Milch – ____________ Liter – ____________ Butter – ____________
Donnerstag Bananenquark ☺ 😐 ☹ erledigt ☐ kontrolliert ☐	**Aufgabe:** *Schreibe die Wörter mit Silbentrennung auf.* Quark – ____________ Bananen – ____________ Sahne – ____________ Mmh, lecker!
Freitag ☺ 😐 ☹ erledigt ☐ kontrolliert ☐	**Aufgabe:** *Schreibe alle Wörter dieser Woche mit Silbentrennung in dein Heft.*

KOHL VERLAG Lernen mit Erfolg · Wochenplan Nomen, Verben & Adjektive / Klasse 3/4 (Fördermaterial) – Bestell-Nr. 13 084

Wochenthema: Silbentrennung mit Wörtern zu Rezepten

Name: ____________ Klasse: ____ Woche vom ____________ bis zum ____________

Montag Waffeln ☺ 😐 ☹ erledigt ☐ kontrolliert ☐	Waffel – Waf-fel Mehl – Mehl Butter – But-ter Vanillezucker – Va-nil-le-zu-cker Eier – Ei-er Gramm – Gramm
Dienstag Marmorkuchen ☺ 😐 ☹ erledigt ☐ kontrolliert ☐	Butter – But-ter Kakao – Ka-kao Mehl – Mehl Milch – Milch Zucker – Zu-cker Eier – Ei-er Vanillezucker – Va-nil-le-zu-cker Backpulver – Back-pul-ver
Mittwoch Pfannkuchen ☺ 😐 ☹ erledigt ☐ kontrolliert ☐	Pfannkuchen – Pfann-ku-chen Teelöffel – Tee-löf-fel Milch – Milch Liter – Li-ter Butter – But-ter
Donnerstag Bananenquark ☺ 😐 ☹ erledigt ☐ kontrolliert ☐	Quark – Quark Bananen – Ba-na-nen Sahne – Sah-ne
Freitag ☺ 😐 ☹ erledigt ☐ kontrolliert ☐	Waf – fel, Mehl, But – ter, Va – nil – le – zu – cker, Ei – er, Ka – kao, Milch, Zu – cker, Back – pul – ver, Pfann – ku – chen, Tee – löf – fel, Li – ter, Quark, Ba – na – nen, Sah – ne

KOHL VERLAG Lernen mit Erfolg Wochenplan Nomen, Verben & Adjektive / Klasse 3/4 (Fördermaterial) – Bestell-Nr. 13 084

Wochenthema: ABC-Übungen am Beispiel Rezepten

Name: ____________________ Klasse: ____ Woche vom ____________ bis zum ____________

Montag Waffeln ☺ 😐 ☹ erledigt ☐ kontrolliert ☐	**Aufgabe:** *Ordne die Wörter nach dem ABC.* Waffel, Mehl, Butter, Vanillezucker, Eier, Waffeleisen, Gramm, Päckchen ________________________________ ________________________________ ________________________________
Dienstag Marmorkuchen ☺ 😐 ☹ erledigt ☐ kontrolliert ☐	**Aufgabe:** *Ordne die Wörter nach dem ABC.* Mehl, Kakao, Milch, Zucker, Eier, Vanillezucker, Backpulver ________________________________ ________________________________ ________________________________
Mittwoch Pfannkuchen ☺ 😐 ☹ erledigt ☐ kontrolliert ☐	**Aufgabe:** *Ordne die Wörter nach dem ABC.* Pfannkuchen, Esslöffel, Milch, Butter, Teelöffel, Liter ________________________________ ________________________________ ________________________________
Donnerstag Bananenquark ☺ 😐 ☹ erledigt ☐ kontrolliert ☐	**Aufgabe:** *Ordne die Wörter nach dem ABC.* Quark, Sahne, Bananen ________________________________ A, B, C, D ...
Freitag ☺ 😐 ☹ erledigt ☐ kontrolliert ☐	**Aufgabe:** *Schreibe alle Wörter dieser Woche nach dem ABC. Nutze jedes Wort nur einmal. Schreibe in dein Heft.*

KOHL VERLAG Lernen mit Erfolg Wochenplan Nomen, Verben & Adjektive / Klasse 3/4 (Fördermaterial) – Bestell-Nr. 13 084

Wochenthema: ABC-Übungen am Beispiel Rezepten

Name: ____________________ Klasse: ____ Woche vom ____________ bis zum ____________

Montag Waffeln erledigt ☐ kontrolliert ☐	Butter, Eier, Gramm, Mehl, Päckchen, Vanillezucker, Waffel, Waffeleisen
Dienstag Marmorkuchen erledigt ☐ kontrolliert ☐	Backpulver, Eier, Kakao, Mehl, Milch, Vanillezucker, Zucker
Mittwoch Pfannkuchen erledigt ☐ kontrolliert ☐	Butter, Esslöffel, Liter, Milch, Pfannkuchen, Teelöffel
Donnerstag Bananenquark erledigt ☐ kontrolliert ☐	Bananen, Quark, Sahne
Freitag erledigt ☐ kontrolliert ☐	Backpulver, Bananen, Butter, Eier, Esslöffel, Gramm, Kakao, Liter, Mehl, Milch, Päckchen, Pfannkuchen, Quark, Sahne, Teelöffel, Vanillezucker, Waffel, Waffeleisen, Zucker

KOHL VERLAG Lernen mit Erfolg Wochenplan Nomen, Verben & Adjektive / Klasse 3/4 (Fördermaterial) – Bestell-Nr. 13 084

Wochenthema: Nomen – Adjektive am Beispiel Rezepten

Name: ____________ Klasse: ____ Woche vom __________ bis zum __________

Montag Waffeln ☺ 😐 ☹ erledigt ☐ kontrolliert ☐	**Aufgabe:** *Du findest bestimmt zu jedem Nomen das Adjektiv.* Zucker – zuckrig Mehl – ____________ Milch – ____________ Teig – ____________ Wasser – ____________ Fett – ____________
Dienstag Marmorkuchen ☺ 😐 ☹ erledigt ☐ kontrolliert ☐	**Aufgabe:** *Du findest bestimmt zu jedem Nomen das Verb.* Backofen – ____________ Rührteig – ____________ Fett – ____________ Teigmischung – ____________
Mittwoch Pfannkuchen ☺ 😐 ☹ erledigt ☐ kontrolliert ☐	**Aufgabe:** *Verbinde, was zusammen passt.* gesiebt — die Kälte schaumig — die Hitze erhitzt — die Zerkleinerung erkaltet — das Sieb zerkleinert — der Schaum
Donnerstag Bananenquark ☺ 😐 ☹ erledigt ☐ kontrolliert ☐	**Aufgabe:** *Du findest bestimmt zu jedem Adjektiv die passenden Nomen.* gesiebt – ____________ schaumig – ____________ erhitzt – ____________ erkaltet – ____________ zerkleinert – ____________ Was gehört zusammen?
Freitag ☺ 😐 ☹ erledigt ☐ kontrolliert ☐	**Aufgabe:** *Bilde mit den folgenden Wörtern jeweils einen Satz und schreibe ihn in dein Heft.* **Zucker, Teig, Milch, Butter, Sahne, klebrig, fettig, weich**

Wochenthema: Nomen – Adjektive am Beispiel Rezepten

Name: ____________________ Klasse: ____ Woche vom ____________ bis zum ____________

Montag Waffeln erledigt ☐ kontrolliert ☐	Zucker – zuckrig Mehl – mehlig Milch – milchig Teig – teigig Wasser – wässrig Fett – fettig
Dienstag Marmorkuchen erledigt ☐ kontrolliert ☐	Backofen – backen Rührteig – rühren Fett – fetten Teigmischung – mischen
Mittwoch Pfannkuchen erledigt ☐ kontrolliert ☐	gesiebt — das Sieb schaumig — der Schaum erhitzt — die Hitze erkaltet — die Kälte zerkleinert — die Zerkleinerung
Donnerstag Bananenquark erledigt ☐ kontrolliert ☐	gesiebt – Sieb, das Sieb schaumig – Schaum, der Schaum erhitzt – Hitze, die Hitze erkaltet – Kälte, die Kälte zerkleinert – Zerkleinerung, die Zerkleinerung
Freitag erledigt ☐ kontrolliert ☐	Zucker brauche ich für meinen Teig. In meinen Teig kommt auch Fett. Fett kommt in fast jeden Teig. Sahne nimmt man manchmal auch zum Verfeinern. Mein Teig ist meistens klebrig. Wenn ich Sahne nasche, habe ich danach fettige Lippen. Mein Teig ist manchmal zu weich. individuelle Lösungen

KOHL VERLAG Wochenplan Nomen, Verben & Adjektive / Klasse 3/4 (Fördermaterial) – Bestell-Nr. 13 084

Wochenthema: Nomen – Verben am Beispiel Rezepten

Name: ____________________ Klasse: ____ Woche vom ____________ bis zum ____________

Montag Waffeln ☺ 😐 ☹ erledigt ☐ kontrolliert ☐	**Aufgabe:** *Du findest bestimmt zu jedem Verb das Nomen.* einfüllen – ____________________ erhitzen – ____________________ einfetten – ____________________ vermischen – ____________________ herstellen – ____________________ sieben – ____________________
Dienstag Marmorkuchen ☺ 😐 ☹ erledigt ☐ kontrolliert ☐	**Aufgabe:** *Du findest bestimmt zu jedem Nomen das Verb.* Backofen – ____________________ Rührteig – ____________________ Fett – ____________________ Teigmischung – ____________________ Hitze – ____________________
Mittwoch Pfannkuchen ☺ 😐 ☹ erledigt ☐ kontrolliert ☐	**Aufgabe:** *Verbinde, was zusammen passt.* einfüllen — das Sieb erhitzen — das Fett einfetten — die Mischung vermischen — die Herstellung herstellen — die Füllung sieben — die Hitze
Donnerstag Bananenquark ☺ 😐 ☹ erledigt ☐ kontrolliert ☐	**Aufgabe:** *Du findest bestimmt zu jedem Verb das Nomen. Schreibe in dein Heft.* **sieben, bestäuben, öffnen, prüfen, probieren** Beispiel: sieben – das Sieb Was gehört zusammen?
Freitag ☺ 😐 ☹ erledigt ☐ kontrolliert ☐	**Aufgabe:** *Bilde Sätze mit den jeweiligen Wörtern.* **Backofen, Teig, Kuchen, rühren, verrühren, öffnen, fetten, backen**

KOHL VERLAG Lernen mit Erfolg
Wochenplan Nomen, Verben & Adjektive / Klasse 3/4 (Fördermaterial) – Bestell-Nr. 13 084

Wochenthema: Nomen – Verben am Beispiel Rezepten

Name: ____________ Klasse: ____ Woche vom ________ bis zum ________

Montag	
Waffeln erledigt ☐ kontrolliert ☐	einfüllen – *Füllung, die Füllung* erhitzen – *Hitze, die Hitze* einfetten – *Fett, das Fett* vermischen – *Mischung, die Mischung* herstellen – *Herstellung, die Herstellung* sieben – *Sieb, das Sieb*

Dienstag	
Marmorkuchen erledigt ☐ kontrolliert ☐	Backofen – *backen* Rührteig – *rühren* Fett – *fetten* Teigmischung – *mischen* Hitze – *erhitzen*

Mittwoch	
Pfannkuchen erledigt ☐ kontrolliert ☐	einfüllen — die Füllung erhitzen — die Hitze einfetten — das Fett vermischen — die Mischung herstellen — die Herstellung sieben — das Sieb

Donnerstag	
Bananenquark erledigt ☐ kontrolliert ☐	Beispiel: sieben – das Sieb bestäuben – der Staub öffnen – die Öffnung prüfen – die Prüfung probieren – die Probe

Freitag	
erledigt ☐ kontrolliert ☐	In den Backofen stelle ich meinen Kuchen. Der Teig wird in einer Rührschüssel angerührt. Ich rühre meinen Teig mit einem Mixer. Die Backofenklappe öffne ich, wenn ich den Kuchen hineinstellen will. Die Kuchenform muss gefettet werden. Der Teig muss einige Minuten backen. individuelle Lösungen

KOHL VERLAG Lernen mit Erfolg Wochenplan Nomen, Verben & Adjektive / Klasse 3/4 (Fördermaterial) – Bestell-Nr. 13 084

Wochenthema: Nomen am Beispiel Personenbeschreibung

Name: ____________ Klasse: ____ Woche vom ________ bis zum ________

Montag Henri, der Fischer ☺ 😐 ☹ erledigt ☐ kontrolliert ☐	__Aufgabe__: *Schreibe die Nomen mit bestimmtem Begleiter (der, die, das) richtig auf. Bilde mit den Wörtern jeweils einen Satz. Schreibe in dein Heft. Finde selbst noch Beispiele.* *der* fischer – *der Fischer* ______ regenmantel – ______ ______ wasser – ______ ______ körperbau – ______ ______ größe – ______
Dienstag Henri, der Fischer ☺ 😐 ☹ erledigt ☐ kontrolliert ☐	__Aufgabe__: *Schreibe die Nomen mit unbestimmtem Begleiter (ein, eine) richtig auf. Bilde mit den Wörtern jeweils einen Satz. Schreibe in dein Heft. Finde selbst noch Beispiele.* ______ angel – ______ ______ kleidung – ______ ______ fisch – ______ ______ gummistiefel – ______ ______ ehrung – ______ ______ fischereihafen – ______
Mittwoch Henri, der Fischer ☺ 😐 ☹ erledigt ☐ kontrolliert ☐	__Aufgabe__: *Schreibe die Nomen mit bestimmtem Begleiter (der, die, das) richtig auf. Bilde mit den Wörtern jeweils einen Satz. Schreibe in dein Heft. Finde selbst noch Beispiele.* ______ querstreifen – ______ ______ längsstreifen – ______ ______ hut – ______ ______ stupsnase – ______
Donnerstag Henri, der Fischer ☺ 😐 ☹ erledigt ☐ kontrolliert ☐	__Aufgabe__: *Schreibe die Nomen mit bestimmtem Begleiter (der, die, das) richtig auf. Bilde mit den Wörtern jeweils einen Satz. Schreibe in dein Heft. Finde selbst noch Beispiele.* ______ name – ______ ______ alter – ______ ______ fischerboot – ______ Tipp: Nomen schreibt man groß!
Freitag Henri, der Fischer ☺ 😐 ☹ erledigt ☐ kontrolliert ☐	__Aufgabe__: *Schreibe alle möglichen Nomen dieser Woche in Einzahl und Mehrzahl richtig in dein Heft.* __Beispiel__: der Name – die Namen

KOHL VERLAG Wochenplan Nomen, Verben & Adjektive / Klasse 3/4 (Fördermaterial) – Bestell-Nr. 13 084

Wochenthema: Nomen am Beispiel Personenbeschreibung

Name: ____________________ Klasse: ____ Woche vom ____________ bis zum ____________

Montag Henri, der Fischer ☺ 😐 ☹ erledigt ☐ kontrolliert ☐	der fischer – der Fischer der regenmantel – der Regenmantel das wasser – das Wasser der körperbau – der Körperbau die größe – die Größe
Dienstag Henri, der Fischer ☺ 😐 ☹ erledigt ☐ kontrolliert ☐	ein angel – eine Angel eine kleidung – eine Kleidung ein fisch – ein Fisch ein gummistiefel – ein Gummistiefel eine ehrung – eine Ehrung ein fischereihafen – ein Fischereihafen
Mittwoch Henri, der Fischer ☺ 😐 ☹ erledigt ☐ kontrolliert ☐	der/die querstreifen – der/die Querstreifen der/die längsstreifen – der/die Längsstreifen der hut – der Hut die stupsnase – die Stupsnase
Donnerstag Henri, der Fischer ☺ 😐 ☹ erledigt ☐ kontrolliert ☐	der name – der Name das alter – das Alter das fischerboot – das Fischerboot
Freitag Henri, der Fischer ☺ 😐 ☹ erledigt ☐ kontrolliert ☐	der Fischer – die Fischer, der Regenmantel – die Regenmäntel, die Größe – die Größen, die Angel – die Angeln, der Fisch – die Fische, der Gummistiefel – die Gummistiefel, die Ehrung – die Ehrungen, der Fischereihafen – die Fischereihäfen, der Querstreifen – die Querstreifen, der Längsstreifen – die Längsstreifen, der Hut – die Hüte, die Stupsnase – die Stupsnasen, der Name – die Namen, das Fischerboot – die Fischerboote

KOHL VERLAG Lernen mit Erfolg – Wochenplan Nomen, Verben & Adjektive / Klasse 3/4 (Fördermaterial) – Bestell-Nr. 13 084

Wochenthema: Verben am Beispiel Personenbeschreibung

Name: ____________________ Klasse: ____ Woche vom ____________ bis zum ____________

Montag Henri, der Fischer ☺ 😐 ☹ erledigt ☐ kontrolliert ☐	**Aufgabe:** *Schreibe die Verben in der Ich–, Du–Form und in der Wir–Form auf. Schreibe es so wie im Beispiel in dein Heft. Finde selbst noch Beispiele.* **fallen, auszeichnen, haben, trägt, besitzen, angeln, halten** Beispiel: ich falle, du fällst, wir fallen
Dienstag Henri, der Fischer ☺ 😐 ☹ erledigt ☐ kontrolliert ☐	**Aufgabe:** *Schreibe die Verben in der Ich–, Du–Form und in der Wir–Form auf. Schreibe es so wie im Beispiel in dein Heft. Finde selbst noch Beispiele.* **sehen, bekommen, teilnehmen, finden, verleihen** Beispiel: ich sehe, du siehst, wir sehen
Mittwoch Henri, der Fischer ☺ 😐 ☹ erledigt ☐ kontrolliert ☐	**Aufgabe:** *Schreibe die Verben in der Ich–, Du–Form und in der Wir–Form auf. Schreibe es so wie im Beispiel in dein Heft. Finde selbst noch Beispiele.* **verteilen, belegen, probieren, salzen, essen** Beispiel: ich verteile, du verteilst, wir verteilen
Donnerstag Henri, der Fischer ☺ 😐 ☹ erledigt ☐ kontrolliert ☐	**Aufgabe:** *Schreibe die Verben in der Ich–, Du–Form und in der Wir–Form auf. Schreibe es so wie im Beispiel in dein Heft. Finde selbst noch Beispiele.* **verrühren, süßen, genießen, naschen** Beispiel: ich verrühre, du verrührst, wir verrühren Tipp: Verben schreibt man klein!
Freitag Henri, der Fischer ☺ 😐 ☹ erledigt ☐ kontrolliert ☐	**Aufgabe:** *Schreibe alle Verben dieser Woche in dein Heft!*

KOHL VERLAG Lernen mit Erfolg Wochenplan Nomen, Verben & Adjektive / Klasse 3/4 (Fördermaterial) – Bestell-Nr. 13 084

Wochenthema: Verben am Beispiel Personenbeschreibung

Name: ____________________ Klasse: ____ Woche vom ____________ bis zum ____________

Montag Henri, der Fischer ☺ 😐 ☹ erledigt ☐ kontrolliert ☐	ich falle, du fällst, wir fallen ich zeichne aus, du zeichnest aus, wir zeichnen aus ich habe, du hast, wir haben ich trage, du trägst, wir tragen ich besitze, du besitzt, wir besitzen ich angle, du angelst, wir angeln ich halte, du hältst, wir halten
Dienstag Henri, der Fischer ☺ 😐 ☹ erledigt ☐ kontrolliert ☐	ich sehe, du siehst, wir sehen ich bekomme, du bekommst, wir bekommen ich nehme teil, du nimmst teil, wir nehmen teil ich finde, du findest, wir finden ich verleihe, du verleihst, wir verleihen
Mittwoch Henri, der Fischer ☺ 😐 ☹ erledigt ☐ kontrolliert ☐	ich verteile, du verteilst, wir verteilen ich belege, du belegst, wir belegen ich probiere, du probierst, wir probieren ich salze, du salzt, wir salzen ich esse, du isst, wir essen
Donnerstag Henri, der Fischer ☺ 😐 ☹ erledigt ☐ kontrolliert ☐	ich verrühre, du verrührst, wir verrühren ich süße, du süßst, wir süßen ich genieße, du genießt, wir genießen ich nasche, du naschst, wir naschen
Freitag Henri, der Fischer ☺ 😐 ☹ erledigt ☐ kontrolliert ☐	fallen, zeichnen, haben, tragen, besitzen, angeln, halten, sehen, bekommen, teilnehmen, finden, verleihen, verteilen, belegen, probieren, salzen, essen, verrühren, süßen, genießen, naschen

Wochenthema: Adjektive am Beispiel Personenbeschreibung

Name: ____________________ Klasse: ____ Woche vom ____________ bis zum ____________

Montag Henri, der Fischer ☺ 😐 ☹ erledigt ☐ kontrolliert ☐	**Aufgabe:** *Du findest bestimmt zu jedem Adjektiv das Gegenteil.* gestreift – ________________ kariert – ________________ dunkel – ________________ hell – ________________ trocken – ________________ nass – ________________
Dienstag Henri, der Fischer ☺ 😐 ☹ erledigt ☐ kontrolliert ☐	**Aufgabe:** *Du findest bestimmt zu jedem Adjektiv das Gegenteil.* klein – ________________ groß – ________________ liniert – ________________ gepunktet – ________________ passend – ________________ gut – ________________ schlecht – ________________
Mittwoch Henri, der Fischer ☺ 😐 ☹ erledigt ☐ kontrolliert ☐	**Aufgabe:** *Du findest bestimmt zu jedem Adjektiv das Gegenteil.* riesig – ________________ winzig – ________________ schwarz – ________________ weiß – ________________ kurz – ________________ lang – ________________
Donnerstag Henri, der Fischer ☺ 😐 ☹ erledigt ☐ kontrolliert ☐	**Aufgabe:** *Du findest bestimmt zu jedem Adjektiv das Gegenteil.* weiß – ________________ süß – ________________ dick – ________________ sauer – ________________ dünn – ________________ Tipp: Adjektive schreibt man klein!
Freitag Henri, der Fischer ☺ 😐 ☹ erledigt ☐ kontrolliert ☐	**Aufgabe:** *Schreibe alle Adjektive dieser Woche mit passendem Gegenteil in dein Heft!*

KOHL VERLAG Wochenplan Nomen, Verben & Adjektive / Klasse 3/4 (Fördermaterial) – Bestell-Nr. 13 084

Wochenthema: Adjektive am Beispiel Personenbeschreibung

Name: ____________________ Klasse: ____ Woche vom ____________ bis zum ____________

Montag Henri, der Fischer ☺ 😐 ☹ erledigt ☐ kontrolliert ☐	gestreift – kariert kariert – gestreift dunkel – hell hell – dunkel trocken – nass nass – trocknen
Dienstag Henri, der Fischer ☺ 😐 ☹ erledigt ☐ kontrolliert ☐	klein – groß groß – klein liniert – gepunktet gepunktet – liniert passend – unpassend gut – schlecht schlecht – gut
Mittwoch Henri, der Fischer ☺ 😐 ☹ erledigt ☐ kontrolliert ☐	riesig – winzig winzig – riesig schwarz – weiß weiß – schwarz kurz – lang lang – kurz
Donnerstag Henri, der Fischer ☺ 😐 ☹ erledigt ☐ kontrolliert ☐	weiß – schwarz süß – sauer dick – dünn sauer – süß dünn – dick
Freitag Henri, der Fischer ☺ 😐 ☹ erledigt ☐ kontrolliert ☐	gestreift – kariert, dunkel – hell, trocken – nass, klein – groß, liniert – gepunktet, passend – unpassend, gut – schlecht, riesig – winzig, schwarz – weiß, kurz – lang, süß – sauer, dick – dünn

KOHL VERLAG Wochenplan Nomen, Verben & Adjektive / Klasse 3/4 (Fördermaterial) – Bestell-Nr. 13 084

Wochenthema: Silbentrennung mit Wörtern zur Personenbeschreibung

Name: ____________________ Klasse: ____ Woche vom ____________ bis zum ____________

Montag Henri, der Fischer ☺ 😐 ☹ erledigt ☐ kontrolliert ☐	**Aufgabe:** *Schreibe die Wörter wie im Beispiel mit Silbentrennung auf.* Wasser – *Was-ser* Hafen – ____________ Boot – ____________ Gummistiefel – ____________ Fischer – ____________ Kleidung – ____________
Dienstag Henri, der Fischer ☺ 😐 ☹ erledigt ☐ kontrolliert ☐	**Aufgabe:** *Schreibe die Wörter wie im Beispiel mit Silbentrennung auf.* Regenmatel – *Re-gen-man-tel* Stubsnase – ____________ Kopf – ____________ Körperbau – ____________ Größe – ____________ Hut – ____________
Mittwoch Henri, der Fischer ☺ 😐 ☹ erledigt ☐ kontrolliert ☐	**Aufgabe:** *Schreibe die Wörter wie im Beispiel mit Silbentrennung auf.* Hände – *Hän-de* Fisch – ____________ Ehrung – ____________ Beute – ____________ Angelkunst – ____________
Donnerstag Henri, der Fischer ☺ 😐 ☹ erledigt ☐ kontrolliert ☐	**Aufgabe:** *Schreibe die Wörter wie im Beispiel mit Silbentrennung auf.* Kopf – *Kopf* Gesichtsausdruck – ____________ Nase – ____________ Füße – ____________ Viel Freu – de und Er – folg!
Freitag Henri, der Fischer ☺ 😐 ☹ erledigt ☐ kontrolliert ☐	**Aufgabe:** *Schreibe alle Wörter dieser Woche mit Silbentrennung in dein Heft!*

KOHL VERLAG Lernen mit Erfolg Wochenplan Nomen, Verben & Adjektive / Klasse 3/4 (Fördermaterial) – Bestell-Nr. 13 084

Wochenthema: Silbentrennung mit Wörtern zur Personenbeschreibung

Name: ____________ Klasse: ____ Woche vom ____________ bis zum ____________

Montag Henri, der Fischer ☺ 😐 ☹ erledigt ☐ kontrolliert ☐	Wasser – *Was-ser* Hafen – *Ha-fen* Boot – *Boot* Gummistiefel – *Gum-mi-stie-fel* Fischer – *Fi-scher* Kleidung – *Klei-dung*
Dienstag Henri, der Fischer ☺ 😐 ☹ erledigt ☐ kontrolliert ☐	Regenmatel – *Re-gen-man-tel* Stubsnase – *Stubs-na-se* Kopf – *Kopf* Körperbau – *Kör-per-bau* Größe – *Grö-ße* Hut – *Hut*
Mittwoch Henri, der Fischer ☺ 😐 ☹ erledigt ☐ kontrolliert ☐	Hände – *Hän-de* Fisch – *Fisch* Ehrung – *Eh-rung* Beute – *Beu-te* Angelkunst – *An-gel-kunst*
Donnerstag Henri, der Fischer ☺ 😐 ☹ erledigt ☐ kontrolliert ☐	Kopf – *Kopf* Gesichtsausdruck – *Ge-sichts-aus-druck* Nase – *Na-se* Füße – *Fü-ße*
Freitag Henri, der Fischer ☺ 😐 ☹ erledigt ☐ kontrolliert ☐	Wasser = Was-ser / Hafen = Ha-fen / Boot / Hut / Fisch / Gummistiefel = Gum-mi-stie-fel / Fischer = Fi-scher / Kleidung = Klei-dung / Regenmatel = Re-gen-man-tel / Stubsnase = Stubs-na-se / Kopf = Kopf / Körperbau = Kör-per-bau / Größe = Grö-ße / Hände = Hän-de / Ehrung = Eh-rung / Beute = Beu-te / Angelkunst = An-gel-kunst / Kopf / Nase = Na-se / Geschichtsausdruck = Ge-sichts-aus-druck / Füße = Fü-ße

Wochenthema: ABC-Übungen am Beispiel Personenbeschreibung

Name: ____________________ Klasse: ____ Woche vom ____________ bis zum ____________

Montag Henri, der Fischer ☺ 😐 ☹ erledigt ☐ kontrolliert ☐	**Aufgabe:** *Ordne die Wörter nach dem ABC.* Fischer, Boot, Wasser, Stiefel, Kleidung, Größe, Angel, Augen ______________________________ ______________________________ ______________________________
Dienstag Henri, der Fischer ☺ 😐 ☹ erledigt ☐ kontrolliert ☐	**Aufgabe:** *Ordne die Wörter nach dem ABC.* Fisch, Stupsnase, Hände, Haare, Hut, Kopf, Gesichtsausdruck ______________________________ ______________________________ ______________________________
Mittwoch Henri, der Fischer ☺ 😐 ☹ erledigt ☐ kontrolliert ☐	**Aufgabe:** *Ordne die Wörter nach dem ABC.* Fischereihafen, Beute, Angelkunst, Wasser, Regen, Ehrung ______________________________ ______________________________ ______________________________
Donnerstag Henri, der Fischer ☺ 😐 ☹ erledigt ☐ kontrolliert ☐	**Aufgabe:** *Ordne die Wörter nach dem ABC.* Hafen, Wasser, Regenjacke ______________________________ ____________________ ____________________ ... U V W X Y Z
Freitag Henri, der Fischer ☺ 😐 ☹ erledigt ☐ kontrolliert ☐	**Aufgabe:** *Ordne alle Wörter dieser Woche nach dem ABC! Benutze jedes Wort nur einmal. Schreibe in dein Heft.*

KOHL VERLAG Lernen mit Erfolg Wochenplan Nomen, Verben & Adjektive / Klasse 3/4 (Fördermaterial) – Bestell-Nr. 13 084

Wochenthema: ABC-Übungen am Beispiel Personenbeschreibung

Name: ____________________ Klasse: ____ Woche vom ____________ bis zum ____________

Montag Henri, der Fischer ☺ 😐 ☹ erledigt ☐ kontrolliert ☐	Angel, Augen, Boot, Fischer, Größe, Kleidung, Stiefel, Wasser
Dienstag Henri, der Fischer ☺ 😐 ☹ erledigt ☐ kontrolliert ☐	Fisch, Gesichtsausdruck, Haare, Hände, Hut, Kopf, Stupsnase
Mittwoch Henri, der Fischer ☺ 😐 ☹ erledigt ☐ kontrolliert ☐	Angelkunst, Beute, Ehrung, Fischereihafen, Regen, Wasser
Donnerstag Henri, der Fischer ☺ 😐 ☹ erledigt ☐ kontrolliert ☐	Hafen, Regenjacke, Wasser
Freitag Henri, der Fischer ☺ 😐 ☹ erledigt ☐ kontrolliert ☐	Angel, Angelkunst, Augen, Beute, Boot, Ehrung, Fisch, Fischer, Fischereihafen, Größe, Haare, Hafen, Hände, Hut, Kleidung, Kopf, Regen, Regenjacke, Stiefel, Stupsnase, Wasser

KOHL VERLAG Lernen mit Erfolg Wochenplan Nomen, Verben & Adjektive / Klasse 3/4 (Fördermaterial) – Bestell-Nr. 13 084

Wochenthema: Nomen – Adjektive am Beispiel Personenbeschreibung

Name: ____________________ Klasse: ____ Woche vom ____________ bis zum ____________

Montag Henri, der Fischer ☺ 😐 ☹ erledigt ☐ kontrolliert ☐	**Aufgabe:** *Du findest bestimmt zu jedem Nomen das Adjektiv.* Punkte – ____________________ Karos – ____________________ Linien – ____________________ Streifen – ____________________ Tiger – ____________________ Länge – ____________________
Dienstag Henri, der Fischer ☺ 😐 ☹ erledigt ☐ kontrolliert ☐	**Aufgabe:** *Du findest bestimmt zu jedem Nomen das Adjektiv.* Kleidung – ____________________ Haare – ____________________ Bau – ____________________ Fischer – ____________________
Mittwoch Henri, der Fischer ☺ 😐 ☹ erledigt ☐ kontrolliert ☐	**Aufgabe:** *Verbinde, was zusammen passt.* haarig — die Größe nass — das Wasser wässrig — die Kleidung groß — das Haar gekleidet — die Nässe
Donnerstag Henri, der Fischer ☺ 😐 ☹ erledigt ☐ kontrolliert ☐	**Aufgabe:** *Du findest bestimmt zu den Adjektiven das Nomen.* groß – ____________________ haarig – ____________________ wässrig – ____________________ gekleidet – ____________________ nass – ____________________ Fisch – fischig
Freitag Henri, der Fischer ☺ 😐 ☹ erledigt ☐ kontrolliert ☐	**Aufgabe:** *Bilde mit den folgenden Wörtern jeweils einen Satz und schreibe ihn in dein Heft.* **Fischer, Boot, Meer, Wasser, Hafen, Gummistiefel, nass, windig, schwarz, kalt**

KOHL VERLAG Wochenplan Nomen, Verben & Adjektive / Klasse 3/4 (Fördermaterial) – Bestell-Nr. 13 084

Wochenthema: Nomen – Adjektive am Beispiel Personenbeschreibung

Name: ____________ Klasse: ____ Woche vom __________ bis zum __________

Montag

Henri, der Fischer

erledigt ☐
kontrolliert ☐

Punkte – punktiert
Karos – kariert
Linien – liniert
Streifen – gestreift
Tiger – getigert
Länge – längs

Dienstag

Henri, der Fischer

erledigt ☐
kontrolliert ☐

Kleidung – kleiden
Haare – haaren
Körperbau – bauen
Fischer – fischen

Mittwoch

Henri, der Fischer

erledigt ☐
kontrolliert ☐

haarig	die Größe
nass	das Wasser
wässrig	die Kleidung
groß	das Haar
gekleidet	die Nässe

Donnerstag

Henri, der Fischer

erledigt ☐
kontrolliert ☐

groß – Größe, die Größe
haarig – Haar, das Haar
wässrig – Wasser, das Wasser
gekleidet – Kleidung, die Kleidung
nass – Nässe, die Nässe

Freitag

Henri, der Fischer

erledigt ☐
kontrolliert ☐

Der Fischer fährt mit seinem Boot aufs Meer.
Das Boot des Fischers ist klein.
Auf dem Wasser merkt man den Wind viel stärker.
Im Hafen liegen viele Boote. Fischer tragen meistens Gummistiefel.
Gummistiefel können nass werden.
Auf dem Boot ist es windig und kalt.
Die Stiefel des Fischers sind schwarz.

individuelle Lösungen

KOHL VERLAG Wochenplan Nomen, Verben & Adjektive / Klasse 3/4 (Fördermaterial) – Bestell-Nr. 13 084

Wochenthema: Nomen – Verben am Beispiel Personenbeschreibung

Name: ____________ Klasse: ____ Woche vom ____________ bis zum ____________

Montag Henri, der Fischer ☺ 😐 ☹ erledigt ☐ kontrolliert ☐	**Aufgabe:** *Du findest bestimmt zu den Verben das Nomen.* fangen – ____________ verleihen – ____________ besitzen – ____________ fahren – ____________ angeln – ____________ teilnehmen – ____________
Dienstag Henri, der Fischer ☺ 😐 ☹ erledigt ☐ kontrolliert ☐	**Aufgabe:** *Du findest bestimmt zu jedem Nomen das Verb.* Fang – ____________ Verleihung – ____________ Besitz – ____________ Fahrt – ____________ Angel – ____________
Mittwoch Henri, der Fischer ☺ 😐 ☹ erledigt ☐ kontrolliert ☐	**Aufgabe:** *Verbinde, was zusammen passt.* fangen — die Verleihung verleihen — die Fahrt besitzen — die Teilnahme fahren — der Fang teilnehmen — der Besitz
Donnerstag Henri, der Fischer ☺ 😐 ☹ erledigt ☐ kontrolliert ☐	**Aufgabe:** *Du findest bestimmt zu den Verben das Nomen.* **ehren, besitzen, angeln, fahren, fangen** Beispiel: laufen – der Lauf angeln – die Angel
Freitag Henri, der Fischer ☺ 😐 ☹ erledigt ☐ kontrolliert ☐	**Aufgabe:** *Bilde mit den jeweilgen Wörtern.* *Schreibe sie in dein Heft.* **Fischer, rausfahren, Fischerboot, windig, warm, sonnig, Hafen, Fang**

KOHL VERLAG Lernen mit Erfolg Wochenplan Nomen, Verben & Adjektive / Klasse 3/4 (Fördermaterial) – Bestell-Nr. 13 084

Wochenthema: Nomen – Verben am Beispiel Personenbeschreibung

Name: ____________________ Klasse: ____ Woche vom ____________ bis zum ____________

Montag Henri, der Fischer ☺ 😐 ☹ erledigt ☐ kontrolliert ☐	fangen – Fang, der Fang verleihen – Verleihung, die Verleihung besitzen – Besitz, der Besitz fahren – Fahrt, die Fahrt angeln – Angel, die Angel teilnehmen – Teilnahme, die Teilnahme
Dienstag Henri, der Fischer ☺ 😐 ☹ erledigt ☐ kontrolliert ☐	Fang – fangen Verleihung – verleihen Besitz – besitzen Fahrt – fahren Angel – angeln
Mittwoch Henri, der Fischer ☺ 😐 ☹ erledigt ☐ kontrolliert ☐	fangen — der Fang verleihen — die Verleihung besitzen — der Besitz fahren — die Fahrt teilnehmen — die Teilnahme
Donnerstag Henri, der Fischer ☺ 😐 ☹ erledigt ☐ kontrolliert ☐	ehren – die Ehrung / besitzen – der Besitz / angeln – die Angel / fahren – die Fahrt / fangen – der Fang
Freitag Henri, der Fischer ☺ 😐 ☹ erledigt ☐ kontrolliert ☐	Der <u>Fischer</u> hat ein blaues Boot. Mit dem Boot <u>fährt</u> der Fischer <u>raus</u> aufs Meer. Jeder Fischer besitzt sein eigenes <u>Fischerboot</u>. Häufig ist es auf dem Boot <u>windig</u>. Im Süden ist es meistens <u>warm</u>. An <u>sonnigen</u> Tagen sitzen viele Menschen gerne in der Eisdeele. Am <u>Hafen</u> ist viel los. Der <u>Fang</u> des Fischers war heute gut. individuelle Lösungen

Wochenthema: Nomen am Beispiel Gruselgeschichten

Name: ____________ Klasse: ____ Woche vom ________ bis zum ________

Montag Grusel-geschichte ☺ 😐 ☹ erledigt ☐ kontrolliert ☐	**Aufgabe:** *Schreibe die Nomen mit bestimmtem Begleiter (der, die, das) richtig auf. Bilde mit den Wörtern jeweils einen Satz. Schreibe in dein Heft.* ________ schloss – ________ ________ gruselgeschichte – ________ ________ skelett – ________ ________ verlies – ________ ________ gespenst – ________
Dienstag Grusel-geschichte ☺ 😐 ☹ erledigt ☐ kontrolliert ☐	**Aufgabe:** *Schreibe die Nomen mit unbestimmtem Begleiter (ein, eine) richtig auf. Bilde mit den Wörtern jeweils einen Satz. Schreibe in dein Heft.* ________ angst – ________ ________ drache – ________ ________ zauberer – ________ ________ geist – ________ ________ spinne – ________ ________ skelett – ________
Mittwoch Grusel-geschichte ☺ 😐 ☹ erledigt ☐ kontrolliert ☐	**Aufgabe:** *Schreibe die Nomen mit bestimmtem Begleiter (der, die, das) richtig auf. Bilde mit den Wörtern jeweils einen Satz. Schreibe in dein Heft.* ________ vampir – ________ ________ zauberschloss – ________ ________ schlucht – ________ ________ monster – ________
Donnerstag Grusel-geschichte ☺ 😐 ☹ erledigt ☐ kontrolliert ☐	**Aufgabe:** *Schreibe die Nomen mit bestimmtem Begleiter (der, die, das) richtig auf. Bilde mit den Wörtern jeweils einen Satz. Schreibe in dein Heft.* ________ finsternis – ________ ________ totenkopf – ________ ________ wald – ________
Freitag Grusel-geschichte ☺ 😐 ☹ erledigt ☐ kontrolliert ☐	**Aufgabe:** *Schreibe alle möglichen Nomen dieser Woche in Einzahl und Mehrzahl richtig in dein Heft.* Beispiel: der Keller – die Keller Tipp: Nomen schreibt man groß!

KOHL VERLAG Wochenplan Nomen, Verben & Adjektive / Klasse 3/4 (Fördermaterial) – Bestell-Nr. 13 084

Wochenthema: Nomen am Beispiel Gruselgeschichten

Name: ____________________ Klasse: ____ Woche vom ____________ bis zum ____________

Montag Gruselgeschichte ☺ 😐 ☹ erledigt ☐ kontrolliert ☐	das schloss – das Schloss die gruselgeschichte – die Gruselgeschichte das skelett – das Skelett das verlies – das Verlies das gespenst – das Gespenst
Dienstag Gruselgeschichte ☺ 😐 ☹ erledigt ☐ kontrolliert ☐	eine angst – eine Angst ein drache – ein Drache ein zauberer – ein Zauberer ein geist – ein Geist eine spinne – eine Spinne ein skelett – ein Skelett
Mittwoch Gruselgeschichte ☺ 😐 ☹ erledigt ☐ kontrolliert ☐	der vampir – der Vampir das zauberschloss – das Zauberschloss die schlucht – die Schlucht das monster – das Monster
Donnerstag Gruselgeschichte ☺ 😐 ☹ erledigt ☐ kontrolliert ☐	die finsternis – die Finsternis der totenkopf – der Totenkopf der wald – der Wald
Freitag Gruselgeschichte ☺ 😐 ☹ erledigt ☐ kontrolliert ☐	das Schloss – die Schlösser / die Gruselgeschichte – die Gruselgeschichten / das Skelett – die Skelette / das Verlies – die Verliese / das Gespenst – die Gespenster / die Angst – die Ängste / der Drache – die Drachen / der Zauberer – die Zauberer / der Geist – die Geister / die Spinne – die Spinnen / der Vampir – die Vampire / das Zauberschloss – die Zauberschlösser / die Schlucht – die Schluchten / das Monster – die Monster / die Finternis / der Totenkopf – die Totenköpfe / der Wald – die Wälder

Wochenthema: Verben am Beispiel Gruselgeschichten

Name: ____________________ Klasse: ____ Woche vom ____________ bis zum ____________

Montag Grusel- geschichte ☺ 😐 ☹ erledigt ☐ kontrolliert ☐	**Aufgabe:** *Schreibe die Verben in der Ich – Form , in der Du – Form und in der Wir – Form in der Vergangenheit (Präteritum) in dein Heft. Finde selbst noch Beispiele.* *Beispiel: bekommen – ich bekam, du bekamst, wir bekamen* schlottern – ______________________________ rutschen – ______________________________ erschrecken – ______________________________ zittern – ______________________________
Dienstag Grusel- geschichte ☺ 😐 ☹ erledigt ☐ kontrolliert ☐	**Aufgabe:** *Schreibe die Verben in der Ich – Form , in der Du – Form und in der Wir – Form in der Vergangenheit (Präteritum) in dein Heft. Finde selbst noch Beispiele.* *Beispiel: stecken – ich steckte, du stecktest, wir steckten* sagen – ______________________________ bleiben – ______________________________ stocken – ______________________________ laufen – ______________________________
Mittwoch Grusel- geschichte ☺ 😐 ☹ erledigt ☐ kontrolliert ☐	**Aufgabe:** *Schreibe die Verben in der Ich – Form, in der Du – Form und in der Wir – Form in dein Heft in der Vergangenheit (Präteritum) in dein Heft. Finde selbst noch Beispiele.* *Beispiel: aufwachen - ich wache auf, du wachst auf, wir wachen auf* schwitzen – ______________________________ verlassen – ______________________________ verstecken – ______________________________ besichtigen – ______________________________
Donnerstag Grusel- geschichte ☺ 😐 ☹ erledigt ☐ kontrolliert ☐	**Aufgabe:** *Schreibe die Verben in der Ich – Form, in der Du – Form und in der Wir – Form in dein Heft in der Vergangenheit (Präteritum) in dein Heft. Finde selbst noch Beispiele.* *Beispiel: fortlaufen – ich lief fort, du liefst fort, wir liefen fort* fortlaufen – ______________________________ sich ängstigen – ______________________________ hineinsteigern – ______________________________ sich gruseln – ______________________________
Freitag Grusel- geschichte ☺ 😐 ☹ erledigt ☐ kontrolliert ☐	**Aufgabe:** *Schreibe noch mal alle Verben in dein Heft!* Tipp: Verben sind Tunwörter!

Wochenthema: Verben am Beispiel Gruselgeschichten

Name: ____________________ Klasse: ____ Woche vom ____________ bis zum ____________

Montag Grusel-geschichte ☺ 😐 ☹ erledigt ☐ kontrolliert ☐	schlottern – *ich schlotterte, du schlottertest, wir schlotterten* rutschen – *ich rutschte, du rutschtest, wir rutschten* erschrecken – *ich erschrack, du erschrackst, wir erschracken* zittern – *ich zitterte, du zittertest, wir zitterten*
Dienstag Grusel-geschichte ☺ 😐 ☹ erledigt ☐ kontrolliert ☐	sagen – *ich sagte, du sagtest, wir sagten* bleiben – *ich blieb, du bliebst, wir blieben* stocken – *ich stockte, du stocktest, wir stockten* laufen – *ich lief, du liefst, wir liefen*
Mittwoch Grusel-geschichte ☺ 😐 ☹ erledigt ☐ kontrolliert ☐	schwitzen – *ich schwitzte, du schwitztest, wir schwitzten* verlassen – *ich verließ, du verließt, wir verließen* verstecken – *ich versteckte, du verstecktest, wir versteckten* besichtigen – *ich besichtigte, du besichtigtest, wir besichtigten*
Donnerstag Grusel-geschichte ☺ 😐 ☹ erledigt ☐ kontrolliert ☐	fortlaufen – *ich lief fort, du liefst fort, wir liefen fort* sich ängstigen – *ich ängstigte mich, du ängstigtest dich, wir ängstigten uns* hineinsteigern – *ich steigerte mich hinein, du steigertest dich hinein, wir steigerten uns hinein* sich gruseln – *ich gruselte mich, du gruseltest dich, wir gruselten uns*
Freitag Grusel-geschichte ☺ 😐 ☹ erledigt ☐ kontrolliert ☐	bekommen, schlottern, rutschen, erschrecken, zittern, stecken, sagen, bleiben, stocken, laufen, aufwachen, schwitzen, verlassen, verstecken, besichtigen, fortlaufen, sich ängstigen, sich steigern, sich gruseln

KOHL VERLAG Wochenplan Nomen, Verben & Adjektive / Klasse 3/4 (Fördermaterial) – Bestell-Nr. 13 084

Wochenthema: Adjektive am Beispiel Gruselgeschichten

Name: ____________ Klasse: ____ Woche vom __________ bis zum __________

Montag Grusel- geschichte ☺ 😐 ☹ erledigt ☐ kontrolliert ☐	**Aufgabe:** *Du findest bestimmt zu jedem Adjektiv das Gegenteil.* unheimlich – ______________ vertraut – ______________ dunkel – ______________ hell – ______________ furchterregend – ______________ entspannt – ______________
Dienstag Grusel- geschichte ☺ 😐 ☹ erledigt ☐ kontrolliert ☐	**Aufgabe:** *Du findest bestimmt zu jedem Adjektiv das Gegenteil.* tief – ______________ flach – ______________ locker – ______________ kreidebleich – ______________ erröted – ______________ nett – ______________ böse – ______________
Mittwoch Grusel- geschichte ☺ 😐 ☹ erledigt ☐ kontrolliert ☐	**Aufgabe:** *Du findest bestimmt zu jedem Adjektiv das Gegenteil.* neblig – ______________ klar – ______________ eiskalt – ______________ heiß – ______________ windstill – ______________ windig – ______________
Donnerstag Grusel- geschichte ☺ 😐 ☹ erledigt ☐ kontrolliert ☐	**Aufgabe:** *Du findest bestimmt zu jedem Adjektiv das Gegenteil.* freundlich – ______________ streng – ______________ warm – ______________ kalt – ______________ trocken – ______________ nass – ______________
Freitag Grusel- geschichte ☺ 😐 ☹ erledigt ☐ kontrolliert ☐	**Aufgabe:** *Schreibe alle Wörter mit Gegenteil noch einmal in dein Heft!* Tipp: Adjektive schreibt man klein!

Wochenthema: Adjektive am Beispiel Gruselgeschichten

Name: ____________ Klasse: ____ Woche vom ____________ bis zum ____________

Montag Grusel-geschichte ☺ 😐 ☹ erledigt ☐ kontrolliert ☐	unheimlich – *vertraut* vertraut – *unheimlich* dunkel – *hell* hell – *dunkel* furchterregend – *vertrauensvoll* entspannt – *angespannt*
Dienstag Grusel-geschichte ☺ 😐 ☹ erledigt ☐ kontrolliert ☐	tief – *hoch* flach – *tief* locker – *fest* kreidebleich – *erröted* erröted – *kreidebleich* nett – *böse* böse – *nett*
Mittwoch Grusel-geschichte ☺ 😐 ☹ erledigt ☐ kontrolliert ☐	neblig – *klar* klar – *neblig* eiskalt – *kochendheiß* heiß – *kalt* windstill – *windig* windig – *windstill*
Donnerstag Grusel-geschichte ☺ 😐 ☹ erledigt ☐ kontrolliert ☐	freundlich – *unfreundlich* streng – *nachsichtig* warm – *kalt* kalt – *warm* trocken – *nass* nass – *trocken*
Freitag Grusel-geschichte ☺ 😐 ☹ erledigt ☐ kontrolliert ☐	Unheimlich – vertraut, leuchtend – matt, dunkel – hell, furchterregend – vertrauensvoll, tief – hoch, gelockert – fest, kreidebleich – erröted, farbenfreudig, errötet – kreidebleich, böse – nett, neblig – klar, gelockert – fest, eiskalt – kochendheiß, heiß – kalt, windstill – windig, freundlich – unfreundlich, streng - nachsichtig, warm – kalt, trocken – nass

KOHL VERLAG Lernen mit Erfolg Wochenplan Nomen, Verben & Adjektive / Klasse 3/4 (Fördermaterial) – Bestell-Nr. 13 084

Wochenthema: Silbentrennung mit Wörtern zu Gruselgeschichten

Name: ____________ Klasse: ____ Woche vom ____________ bis zum ____________

Montag Grusel- geschichte ☺ 😐 ☹ erledigt ☐ kontrolliert ☐	**Aufgabe:** *Schreibe die Wörter wie im Beispiel mit Silbentrennung auf.* *Beispiel: Skelett – Ske - lett* Gespenst – ____________ Drache – ____________ Spinne – ____________ Schloss – ____________ Angstschweiß – ____________
Dienstag Grusel- geschichte ☺ 😐 ☹ erledigt ☐ kontrolliert ☐	**Aufgabe:** *Schreibe die Wörter wie im Beispiel mit Silbentrennung auf.* *Beispiel: Dracula – Dra - cu - la* Ruine – ____________ Kerker – ____________ Zauberschloss – ____________ Monster – ____________ Totenkopf – ____________
Mittwoch Grusel- geschichte ☺ 😐 ☹ erledigt ☐ kontrolliert ☐	**Aufgabe:** *Schreibe die Wörter wie im Beispiel mit Silbentrennung auf.* *Beispiel: Gewitter – Ge - wit- ter* Vollmond – ____________ Wolkenbruch – ____________ Regen – ____________ Geist – ____________ Angelkunst – ____________
Donnerstag Grusel- geschichte ☺ 😐 ☹ erledigt ☐ kontrolliert ☐	**Aufgabe:** *Schreibe die Wörter wie im Beispiel mit Silbentrennung auf.* *Beispiel: Ungeheuer – Un - ge - heuer* Schlucht – ____________ Höhle – ____________ Totenkopf – ____________ Fledermaus – ____________
Freitag Grusel- geschichte ☺ 😐 ☹ erledigt ☐ kontrolliert ☐	**Aufgabe:** *Schreibe alle Wörter mit Silbentrennung in dein Heft!* Ich bin kein bö-ses Mons-ter!

KOHL VERLAG Wochenplan Nomen, Verben & Adjektive / Klasse 3/4 (Fördermaterial) – Bestell-Nr. 13 084

Wochenthema: Silbentrennung mit Wörtern zu Gruselgeschichten

Name: ____________________ Klasse: ____ Woche vom ____________ bis zum ____________

Montag Gruselgeschichte erledigt ☐ kontrolliert ☐	Gespenst – *Ge-spenst* Drache – *Dra-che* Spinne – *Spin-ne* Schloss – *Schloss* Angstschweiß – *Angst-schweiß*
Dienstag Gruselgeschichte erledigt ☐ kontrolliert ☐	Ruine – *Ru-ine* Kerker – *Ker-ker* Zauberschloss – *Zau-ber-schloss* Monster – *Mon-ster* Totenkopf – *To-ten-kopf* Gänsehaut – *Gän-se-haut*
Mittwoch Gruselgeschichte erledigt ☐ kontrolliert ☐	Vollmond – *Voll-mond* Wolkenbruch – *Wol-ken-bruch* Regen – *Re-gen* Geist – *Geist* Angelkunst – *An-gel-kunst*
Donnerstag Gruselgeschichte erledigt ☐ kontrolliert ☐	Schlucht – *Schlucht* Höhle – *Höh-le* Totenkopf – *To-ten-kopf* Fledermaus – *Fle-der-maus*
Freitag Gruselgeschichte erledigt ☐ kontrolliert ☐	Ske – lett, Ge – spenst, Dra – che, Spin – ne, Schloss, Angst – schweiß, Dra – cula, Ker – ker, Zau – ber – schloss, Mon – ster, To – ten – kopf, Fle – der – maus, Ru – ine, Gän – se – haut, Ge – wit – ter, Voll – mond, Wol – ken – bruch, Re – gen, Geist, An – gel – kunst, Un – ge – heu – er, Schlucht, Höh, le

Wochenthema: ABC – Übungen am Beispiel Gruselgeschichten

Name: ____________________ Klasse: ____ Woche vom ____________ bis zum ____________

Montag Grusel- geschichte ☺ 😐 ☹ erledigt ☐ kontrolliert ☐	**Aufgabe:** *Ordne die Wörter nach dem ABC.* Schlucht, Zauberschloss, Monster, Hütte, Kobold, Gnom, Wald ____________________ ____________________ ____________________ ____________________
Dienstag Grusel- geschichte ☺ 😐 ☹ erledigt ☐ kontrolliert ☐	**Aufgabe:** *Ordne die Wörter nach dem ABC.* Schloss, Gespenst, Atem, Skelett, Drache, Kerker, Ungeheuer ____________________ ____________________ ____________________ ____________________
Mittwoch Grusel- geschichte ☺ 😐 ☹ erledigt ☐ kontrolliert ☐	**Aufgabe:** *Ordne die Wörter nach dem ABC.* Frankenstein, Totenkopf, Angstschweiß, Stöhnen, Höhle, Keller ____________________ ____________________ ____________________ ____________________
Donnerstag Grusel- geschichte ☺ 😐 ☹ erledigt ☐ kontrolliert ☐	**Aufgabe:** *Ordne die Wörter nach dem ABC.* Nebelschwaden, Wolkenbruch, Regen, Gewitter, Vollmond ____________________ ____________________ ____________________ ____________________
Freitag Grusel- geschichte ☺ 😐 ☹ erledigt ☐ kontrolliert ☐	**Aufgabe:** *Ordne alle Wörter von diesem Wochenplan nach dem ABC. Benutze jedes Wort nur einmal. Schreibe alle Wörter in dein Heft.* … E, F, G, H

Wochenthema: ABC – Übungen am Beispiel Gruselgeschichten

Name: ________________ Klasse: ____ Woche vom __________ bis zum __________

Montag Grusel-geschichte ☺ 😐 ☹ erledigt ☐ kontrolliert ☐	Gnom, Hütte, Kobold, Monster, Schlucht, Wald, Zauberschloss
Dienstag Grusel-geschichte ☺ 😐 ☹ erledigt ☐ kontrolliert ☐	Atem, Drache, Gespenst, Kerker, Schloss, Skelett, Ungeheuer
Mittwoch Grusel-geschichte ☺ 😐 ☹ erledigt ☐ kontrolliert ☐	Angstschweiß, Frankenstein, Höhle, Keller, Stöhnen, Totenkopf
Donnerstag Grusel-geschichte ☺ 😐 ☹ erledigt ☐ kontrolliert ☐	Gewitter, Nebelschwaden, Regen, Vollmond, Wolkenbruch
Freitag Grusel-geschichte ☺ 😐 ☹ erledigt ☐ kontrolliert ☐	Angstschweiß, Atem, Drache, Frankenstein, Gespenst, Gewitter, Gnom, Höhle, Hütte, Keller, Kerker, Kobold, Monster, Nebelschwaden, Regen, Schloss, Schlucht, Skelett, Stöhnen, Totenkopf, Ungeheuer, Vollmond, Wolkenbruch, Zauberschloss

KOHL VERLAG Wochenplan Nomen, Verben & Adjektive / Klasse 3/4 (Fördermaterial) – Bestell-Nr. 13 084

Wochenthema: Nomen – Adjektive am Beispiel Gruselgeschichten

Name: ____________________ Klasse: ____ Woche vom ____________ bis zum ____________

Montag Grusel- geschichte erledigt ☐ kontrolliert ☐	**Aufgabe:** *Du findest bestimmt zu den Nomen das Adjektiv.* Punkte – ____________________ Karos – ____________________ Linien – ____________________ Streifen – ____________________ Tiger – ____________________ Längsstreifen – ____________________
Dienstag Grusel- geschichte erledigt ☐ kontrolliert ☐	**Aufgabe:** *Du findest bestimmt zu den Nomen das Adjektiv.* Kleidung – ____________________ Haare – ____________________ Körper – ____________________ Fischer – ____________________
Mittwoch Grusel- geschichte erledigt ☐ kontrolliert ☐	**Aufgabe:** *Verbinde, was zusammen passt.* haarig — die Größe nass — das Wasser wässrig — die Kleidung groß — das Haar gekleidet — die Nässe
Donnerstag Grusel- geschichte erledigt ☐ kontrolliert ☐	**Aufgabe:** *Du findest bestimmt zu den Adjektiven die Nomen.* groß – ____________________ haarig – ____________________ wässrig – ____________________ gekleidet – ____________________ nass – ____________________
Freitag Grusel- geschichte erledigt ☐ kontrolliert ☐	**Aufgabe:** *Bilde mit den folgenden Wörtern jeweils einen Satz und schreibe ihn in dein Heft.* **Gespenst, Angst, Höhle, Schloss, Gewitter, Vollmond, bitterkalt, windig, neblig** groß – die Größe

Wochenthema: Nomen – Adjektive am Beispiel Gruselgeschichten

Name: ____________________ Klasse: ____ Woche vom ____________ bis zum ____________

Montag

Gruselgeschichte

erledigt ☐
kontrolliert ☐

Punkte – punktiert
Karos – kariert
Linien – liniert
Streifen – gestreift
Tiger – getigert
Längsstreifen – längsgestreift

Dienstag

Gruselgeschichte

erledigt ☐
kontrolliert ☐

Kleidung – gekleidet
Haare – haarig
Körper – körperlich
Fischer – fischartig

Mittwoch

Gruselgeschichte

erledigt ☐
kontrolliert ☐

haarig	die Größe
nass	das Wasser
wässrig	die Kleidung
groß	das Haar
gekleidet	die Nässe

Donnerstag

Gruselgeschichte

erledigt ☐
kontrolliert ☐

groß – Größe, die Größe
haarig – Haar, das Haar
wässrig – Wasser, das Wasser
gekleidet – Kleidung, die Kleidung
nass – Nässe, die Nässe

Freitag

Gruselgeschichte

erledigt ☐
kontrolliert ☐

Ein Gespenst kann man nicht sehen. Viele Menschen haben Angst vor Gespenstern. In einer Höhle leben oft Fledermäuse. In einem Schloss ist es oft kalt. Bei einem Gewitter ist es manchmal draußen gefährlich. Bei Vollmond heulen oft Wölfe. Im Winter kann es bitterkalt werden. Im Herbst ist es häufig windig. Am Morgen ist es manchmal neblig.

individuelle Lösungen

KOHL VERLAG Wochenplan Nomen, Verben & Adjektive / Klasse 3/4 (Fördermaterial) – Bestell-Nr. 13 084

Wochenthema: Nomen – Verben am Beispiel Gruselgeschichten

Name: ____________________ Klasse: ____ Woche vom ____________ bis zum ____________

Montag

Gruselgeschichte

erledigt ☐
kontrolliert ☐

__Aufgabe:__ *Du findest bestimmt zu den Verben das Nomen.*

blitzen – ____________________
hageln – ____________________
donnern – ____________________
verängstigen – ____________________
rutschen – ____________________
schlafen – ____________________
zerstören – ____________________

Dienstag

Gruselgeschichte

erledigt ☐
kontrolliert ☐

__Aufgabe:__ *Du findest bestimmt zu den Nomen das Verb.*

Blitz – ____________________
Hagel – ____________________
Donner – ____________________
Angst – ____________________
Rutsche – ____________________
Schlaf – ____________________

Mittwoch

Gruselgeschichte

erledigt ☐
kontrolliert ☐

__Aufgabe:__ *Verbinde, was zusammen passt.*

blitzen	der Schlaf
sich ängstigen	der Besitz
besitzen	die Rutsche
rutschen	der Donner
donnert	der Hagel
schlafen	der Blitz
hageln	die Angst

Donnerstag

Gruselgeschichte

erledigt ☐
kontrolliert ☐

__Aufgabe:__ *Du findest bestimmt zu den Verben das Nomen.*

Beispiel: erbleichen – die Bleiche

erbleichen, rutschen, stocken, donnern, hageln, blitzen, sich ängstigen

Ich ängstige mich …

Freitag

Gruselgeschichte

erledigt ☐
kontrolliert ☐

__Aufgabe:__ *Bilde Sätze mit den jeweiligen Wörtern.*

Dunkelheit, Fledermäuse, Eule, Höhle, heulen, gruselig, Gespenst, Gänsehaut, Angst

KOHL VERLAG Lernen mit Erfolg Wochenplan Nomen, Verben & Adjektive / Klasse 3/4 (Fördermaterial) – Bestell-Nr. 13 084

Wochenthema: Nomen – Adjektive am Beispiel Gruselgeschichten

Name: ______________ Klasse: ____ Woche vom ____________ bis zum ____________

Montag

Grusel-geschichte

☺ 😐 ☹

erledigt ☐
kontrolliert ☐

blitzen – *Blitz, der Blitz*
hageln – *Hagel, der Hagel*
donnern – *Donner, der Donner*
verängstigen – *Angst, die Angst*
rutschen – *Rutsche, die Rutsche*
schlafen – *Schlaf, der Schlaf*
zerstören – *Störung, die Störung*

Dienstag

Grusel-geschichte

☺ 😐 ☹

erledigt ☐
kontrolliert ☐

Blitz – *blitzen*
Hagel – *hageln*
Donner – *donnern*
Angst – *ängstigen*
Rutsche – *rutschen*
Schlaf – *schlafen*

Mittwoch

Grusel-geschichte

☺ 😐 ☹

erledigt ☐
kontrolliert ☐

blitzen	der Schlaf
sich ängstigen	der Besitz
besitzen	die Rutsche
rutschen	der Donner
donnert	der Hagel
schlafen	der Blitz
hageln	die Angst

Donnerstag

Grusel-geschichte

☺ 😐 ☹

erledigt ☐
kontrolliert ☐

erbleichen – *Bleiche, die Bleiche*, rutschen – *Rutsche, die Rutsche*,
stocken – *Stock, der Stock*, donnern – *Donner, der Donner*,
hageln – *Hagel, der Hagel*, blitzen – *Blitz, der Blitz*,
sich ängstigen – *Angst, die Angst*

Freitag

Grusel-geschichte

☺ 😐 ☹

erledigt ☐
kontrolliert ☐

In der Dunkelheit fliegen die Eulen. Eine Eule ist nachtaktiv. In einer Höhle leben oft Fledermäuse. Wölfe heulen oft bei Nacht. Einige Menschen finden Fledermäuse oft gruselig. In Geschichten kommt oft ein Gespenst vor. Bei Kälte bekommen viele Menschen Gänsehaut. Einige Leute haben Angst vor einem Blitz.

individuelle Lösungen

Wochenplan Nomen, Verben & Adjektive / Klasse 3/4 (Fördermaterial) – Bestell-Nr. 13 084
KOHL VERLAG

Wochenthema: Nomen am Beispiel Bericht – Unfallbericht

Name: ____________ Klasse: ____ Woche vom ________ bis zum ________

Montag Unfallbericht ☺ 😐 ☹ erledigt ☐ kontrolliert ☐	**Aufgabe:** *Schreibe die Nomen mit bestimmten Begleiter (der, die, das) richtig auf. Bilde mit den Wörtern jeweils einen Satz und schreibe ihn in dein Heft.* ______ straße ______ ______ unfallbericht ______ ______ jogger ______ ______ ampel ______ ______ autofahrer ______
Dienstag Unfallbericht ☺ 😐 ☹ erledigt ☐ kontrolliert ☐	**Aufgabe:** *Schreibe die Nomen mit unbestimmten Begleiter (ein, eine) richtig auf. Bilde mit den Wörtern jeweils einen Satz und schreibe ihn in dein Heft.* ______ unfall ______ ______ kratzer ______ ______ straße ______ ______ roller ______ ______ beule ______ ______ anzeige ______ ______ schaulustige ______
Mittwoch Unfallbericht ☺ 😐 ☹ erledigt ☐ kontrolliert ☐	**Aufgabe:** *Schreibe die Nomen mit passendem Begleiter (der, die, das) richtig auf. Bilde mit den Wörtern jeweils einen Satz und schreibe ihn in dein Heft.* ______ unglück ______ ______ führerschein ______ ______ bürgersteig ______ ______ kreuzung ______
Donnerstag Unfallbericht ☺ 😐 ☹ erledigt ☐ kontrolliert ☐	**Aufgabe:** *Schreibe die Nomen mit passendem Begleiter (der, die, das) richtig auf. Bilde mit den Wörtern jeweils einen Satz und schreibe ihn in dein Heft.* ______ zeugen ______ ______ notarzt ______ ______ gaffer ______
Freitag Unfallbericht ☺ 😐 ☹ erledigt ☐ kontrolliert ☐	**Aufgabe:** *Schreibe alle Nomen in der Einzahl und Mehrzahl richtig in dein Heft.* Beispiel: die Kreuzung – die Kreuzungen

Wochenthema: Nomen am Beispiel Bericht – Unfallbericht

Name: ____________________ Klasse: ____ Woche vom ____________ bis zum ____________

Montag Unfallbericht ☺ 😐 ☹ erledigt ☐ kontrolliert ☐	die straße – die Straße der unfallbericht – der Unfallbericht der jogger – der Jogger die ampel – die Ampel der autofahrer – der Autofahrer
Dienstag Unfallbericht ☺ 😐 ☹ erledigt ☐ kontrolliert ☐	ein unfall – ein Unfall ein kratzer – ein Kratzer eine straße – eine Polizei ein roller – ein Roller eine beule – eine Beule eine Anzeige – eine Anzeige eine schaulustige – eine Schaulustige
Mittwoch Unfallbericht ☺ 😐 ☹ erledigt ☐ kontrolliert ☐	das unglück – das Unglück der führerschein – der Führerschein der bürgersteig – der Bürgersteig die kreuzung – die Kreuzung
Donnerstag Unfallbericht ☺ 😐 ☹ erledigt ☐ kontrolliert ☐	die zeugen – die Zeugen der notarzt – der Notarzt der Gaffer – der Gaffer
Freitag Unfallbericht ☺ 😐 ☹ erledigt ☐ kontrolliert ☐	die Straße – die Straßen, der Unfallbericht – die Unfallberichte, der Jogger – die Jogger, die Ampel – die Ampeln, der Autofahrer – die Autofahrer, ein Unfall – die Unfälle, ein Kratzer – die Kratzer, eine Straße – die Straßen, ein Roller – die Roller, eine Beule – die Beulen, eine Anzeige – die Anzeigen, eine Schaulustige – die Schaulustigen, das Unglück – die Unglücke, der Führerschein – die Führerscheine, der Bürgersteig – die Bürgersteige, die Kreuzung – die Kreuzungen, der Zeuge – die Zeugen, der Notarzt – die Notärzte, der Gaffer – die Gaffer

KOHL VERLAG Lernen mit Erfolg Wochenplan Nomen Verben & Adjektive / Klasse 3/4 (Fördermaterial) – Bestell-Nr 13 084

Wochenthema: Verben am Beispiel Bericht – Unfallbericht

Name: ____________ Klasse: ____ Woche vom __________ bis zum __________

Montag Unfallbericht ☺ 😐 ☹ erledigt ☐ kontrolliert ☐	**Aufgabe:** *Schreibe die Verben in der Ich – Form , in der Du – Form und in der Wir – Form in der Vergangenheit (Präteritum) in dein Heft. Finde selbst noch Beispiele.* **wahrnehmen, anfahren, bemerken, fahren** Beispiel: Ich nahm wahr, du nahmst wahr, wir nahmen wahr
Dienstag Unfallbericht ☺ 😐 ☹ erledigt ☐ kontrolliert ☐	**Aufgabe:** *Schreibe die Verben in der Ich – Form , in der Du – Form und in der Wir – Form in der Vergangenheit (Präteritum) in dein Heft. Finde selbst noch Beispiele.* **blinken, schleudern, kommen, alamieren** Beispiel: Ich blinkte, du blinktest, wir blinkten
Mittwoch Unfallbericht ☺ 😐 ☹ erledigt ☐ kontrolliert ☐	**Aufgabe:** *Schreibe die Verben in der Ich – Form , in der Du – Form und in der Wir – Form in der Vergangenheit (Präteritum) in dein Heft. Finde selbst noch Beispiele.* **zerbrechen, geschehen, schauen, missachten** Beispiel: Ich zerbrach, du zerbrachst, wir zerbrachen
Donnerstag Unfallbericht ☺ 😐 ☹ erledigt ☐ kontrolliert ☐	**Aufgabe:** *Schreibe die Verben in der Ich – Form , in der Du – Form und in der Wir – Form in der Vergangenheit (Präteritum) in dein Heft. Finde selbst noch Beispiele.* **gehen, erkennen, überfahren, aufpassen** Beispiel: Ich ging, du gingst, wir gingen
Freitag Unfallbericht ☺ 😐 ☹ erledigt ☐ kontrolliert ☐	**Aufgabe:** *Schreibe noch mal alle Verben in dein Heft!*

Wochenthema: Verben am Beispiel Bericht – Unfallbericht

Name: ____________________ Klasse: ____ Woche vom __________ bis zum __________

Montag Unfallbericht ☺ 😐 ☹ erledigt ☐ kontrolliert ☐	Jch fuhr an, du fuhrst an, wir fuhren an Jch bemerkte, du bemerktest, wir bemerkten Jch fuhr, du fuhrst, wir fuhren
Dienstag Unfallbericht ☺ 😐 ☹ erledigt ☐ kontrolliert ☐	Jch schleuderte, du schleudertest, wir schleuderten Jch kam, du kamst, wir kamen Jch alamierte, du alamiertest, wir alamierten
Mittwoch Unfallbericht ☺ 😐 ☹ erledigt ☐ kontrolliert ☐	Jch geschah, du geschahst, wir geschahen Jch schaute, du schautest, wir schauten Jch missachtete, du missachtetest, wir missachteten
Donnerstag Unfallbericht ☺ 😐 ☹ erledigt ☐ kontrolliert ☐	Jch erkannte, du erkanntest, wir erkannten Jch überfuhr, du überfuhrst, wir überfuhren Jch passte auf, du passtest auf, wir passten auf
Freitag Unfallbericht ☺ 😐 ☹ erledigt ☐ kontrolliert ☐	nehmen, anfahren, bemerken, fahren, blinken, schleudern, kommen, alamieren, zerbrechen, geschehen, schauen, missachten, gehen, erkennen, überfahren, aufpassen

Wochenthema: Adjektive am Beispiel Bericht – Unfallbericht

Name: ____________ Klasse: ____ Woche vom ____________ bis zum ____________

Montag Unfallbericht erledigt ☐ kontrolliert ☐	**Aufgabe:** *Du findest bestimmt zu jedem Adjektiv das Gegenteil.* unachtsam – ____________ blitzschnell – ____________ defekt – ____________ rechtzeitig – ____________ schnell – ____________
Dienstag Unfallbericht erledigt ☐ kontrolliert ☐	**Aufgabe:** *Du findest bestimmt zu jedem Adjektiv das Gegenteil.* aufmerksam – ____________ wellig – ____________ langsam – ____________ zu spät – ____________
Mittwoch Unfallbericht erledigt ☐ kontrolliert ☐	**Aufgabe:** *Du findest bestimmt zu jedem Adjektiv das Gegenteil.* glatt – ____________ schnell – ____________ heil – ____________ kaputt – ____________
Donnerstag Unfallbericht erledigt ☐ kontrolliert ☐	**Aufgabe:** *Du findest bestimmt zu jedem Adjektiv das Gegenteil.* beschädigt – ____________ freundlich – ____________ verbeult – ____________
Freitag Unfallbericht erledigt ☐ kontrolliert ☐	**Aufgabe:** *Schreibe alle Wörter mit Gegenteil noch einmal in dein Heft.* unachtsam, blitzschnell, defekt, rechtzeitig, schnell, aufmerksam, wellig, langsam, zu spät, glatt, heil, kaputt, beschädigt, freundlich, verbeult

KOHL VERLAG Wochenplan Nomen, Verben & Adjektive / Klasse 3/4 (Fördermaterial) – Bestell-Nr. 13 084

Wochenthema: Adjektive am Beispiel Bericht – Unfallbericht

Name: ____________________ Klasse: ____ Woche vom ____________ bis zum ____________

Montag Unfallbericht ☺ 😐 ☹ erledigt ☐ kontrolliert ☐	unachtsam – achtsam blitzschnell – sehr langsam defekt - heil rechtzeitig – zu spät schnell - langsam
Dienstag Unfallbericht ☺ 😐 ☹ erledigt ☐ kontrolliert ☐	aufmerksam – unaufmerksam wellig – glatt langsam – schnell zu spät – zu früh
Mittwoch Unfallbericht ☺ 😐 ☹ erledigt ☐ kontrolliert ☐	glatt – rau, faltig schnell – langsam heil – kaputt, beschädigt, defekt kaputt – heil
Donnerstag Unfallbericht ☺ 😐 ☹ erledigt ☐ kontrolliert ☐	beschädigt – heil freundlich – unfreundlich verbeult – glatt
Freitag Unfallbericht ☺ 😐 ☹ erledigt ☐ kontrolliert ☐	unachtsam – achtsam, blitzschnell – sehr langsam, defekt – heil, rechtzeitig – zu spät, schnell – langsam, aufmerksam – unaufmerksam, wellig – glatt, langsam – schnell, zu spät – zu früh, glatt – rau, heil – kaputt, beschädigt, freundlich – unfreundlich, verbeult – glatt

KOHL VERLAG Lernen mit Erfolg Wochenplan Nomen, Verben & Adjektive / Klasse 3/4 (Fördermaterial) – Bestell-Nr. 13 084

Wochenthema: Silbentrennung mit Wörtern zum Bericht – Unfallbericht

Name: ____________ Klasse: ____ Woche vom ________ bis zum ________

Montag Unfallbericht ☺ 😐 ☹ erledigt ☐ kontrolliert ☐	**Aufgabe:** *Schreibe die Wörter wie im Beispiel mit Silbentrennung auf.* *Beispiel: Autofahrer – Au – to – fah – rer* Krankenwagen – ____________ Ampel – ____________ Polizei – ____________ Traktor – ____________
Dienstag Unfallbericht ☺ 😐 ☹ erledigt ☐ kontrolliert ☐	**Aufgabe:** *Schreibe die Wörter wie im Beispiel mit Silbentrennung auf.* *Beispiel: Fußgänger – Fuß - gän - ger* Vorfahrt – ____________ Autounfall – ____________ Beule – ____________ Augenzeuge – ____________
Mittwoch Unfallbericht ☺ 😐 ☹ erledigt ☐ kontrolliert ☐	**Aufgabe:** *Schreibe die Wörter wie im Beispiel mit Silbentrennung auf.* *Beispiel: Radfahrer – Rad - fah - rer* Unglück – ____________ Einmündung – ____________ Ampel – ____________ Sachschaden – ____________
Donnerstag Unfallbericht ☺ 😐 ☹ erledigt ☐ kontrolliert ☐	**Aufgabe:** *Schreibe die Wörter wie im Beispiel mit Silbentrennung auf.* *Beispiel: Verkehrskontrolle – Ver - kehrs - kon - trol - le* Bahnübergang – ____________ Katastrophe – ____________ Straße – ____________ Notarzt – ____________
Freitag Unfallbericht ☺ 😐 ☹ erledigt ☐ kontrolliert ☐	**Aufgabe:** *Schreibe alle Wörter mit Silbentrennung in dein Heft.*

Wochenplan Nomen, Verben & Adjektive / Klasse 3/4 (Fördermaterial) – Bestell-Nr. 13 084

Wochenthema: Adjektive am Beispiel Bericht – Unfallbericht

Name: ____________________ Klasse: ____ Woche vom ____________ bis zum ____________

Montag Unfallbericht ☺ 😐 ☹ erledigt ☐ kontrolliert ☐	Krankenwagen – Kran-ken-wa-gen Ampel – Am-pel Polizei - Po-li-zei Traktor – Trak-tor
Dienstag Unfallbericht ☺ 😐 ☹ erledigt ☐ kontrolliert ☐	Vorfahrt – Vor-fahrt Autounfall – Au-to-un-fall Beule – Beu-le Augenzeuge – Au-gen-zeu-ge
Mittwoch Unfallbericht ☺ 😐 ☹ erledigt ☐ kontrolliert ☐	Unglück – Un-glück Einmündung – Ein-mün-dung Kreuzung – Kreu-zung Sachschaden – Sach-scha-den
Donnerstag Unfallbericht ☺ 😐 ☹ erledigt ☐ kontrolliert ☐	Bahnübergang – Bahn-über-gang Katastrophe – Ka-ta-stro-phe Straße – Stra-ße Notarzt – Not-arzt
Freitag Unfallbericht ☺ 😐 ☹ erledigt ☐ kontrolliert ☐	Krankenwagen – Kran-ken-wa-gen, Ampel – Am-pel, Polizei - Po-li-zei, Traktor – Trak-tor, Vorfahrt – Vor-fahrt, Autounfall – Au-to-un-fall, Beule – Beu-le, Augenzeuge – Au-gen-zeu-ge, Unglück – Un-glück, Einmündung – Ein-mün-dung, Kreuzung – Kreu-zung, Sachschaden – Sach-scha-den, Bahnübergang – Bahn-über-gang, Katastrophe – Ka-ta-stro-phe, Straße – Stra-ße, Notarzt – Not-arzt

Wochenthema: ABC – Übungen am Beispiel Bericht – Unfallbericht

Name: ____________ Klasse: ____ Woche vom ____________ bis zum ____________

Montag Unfallbericht ☺ 😐 ☹ erledigt ☐ kontrolliert ☐	**Aufgabe:** *Ordne die Wörter nach dem ABC.* **Auto, Verkehrsunfall, Polizei, Fahrer, Schild, Unglück, Euro**
Dienstag Unfallbericht ☺ 😐 ☹ erledigt ☐ kontrolliert ☐	**Aufgabe:** *Ordne die Wörter nach dem ABC.* **Zebrastreifen, Autounfall, Ecke, Schock, Fahrrad, Euro**
Mittwoch Unfallbericht ☺ 😐 ☹ erledigt ☐ kontrolliert ☐	**Aufgabe:** *Ordne die Wörter nach dem ABC.* **Fahrradweg, Vollbremsung, Kreuzung, Straße, Beule, Traktor**
Donnerstag Unfallbericht ☺ 😐 ☹ erledigt ☐ kontrolliert ☐	**Aufgabe:** *Ordne die Wörter nach dem ABC.* **Unfall, Rettungswagen, Führerschein, Bremsweg, Schaulustige**
Freitag Unfallbericht ☺ 😐 ☹ erledigt ☐ kontrolliert ☐	**Aufgabe:** *Ordne alle Wörter von diesem Wochenplan nach dem ABC.* *Benutze jedes Wort nur einmal.* *Schreibe alle Wörter in dein Heft.*

KOHL VERLAG Lernen mit Erfolg Wochenplan Nomen, Verben & Adjektive / Klasse 3/4 (Fördermaterial) – Bestell-Nr. 13 084

Wochenthema: ABC – Übungen am Beispiel Bericht – Unfallbericht

Name: ____________________ Klasse: ____ Woche vom ____________ bis zum ____________

Montag Unfallbericht ☺ 😐 ☹ erledigt ☐ kontrolliert ☐	*Auto, Euro, Fahrer, Polizei, Schild, Unglück, Verkehrsunfall*
Dienstag Unfallbericht ☺ 😐 ☹ erledigt ☐ kontrolliert ☐	*Autounfall, Ecke, Euro, Fahrrad, Schock, Zebrastreifen*
Mittwoch Unfallbericht ☺ 😐 ☹ erledigt ☐ kontrolliert ☐	*Beule, Fahrradweg, Kreuzung, Straße, Traktor, Vollbremsung*
Donnerstag Unfallbericht ☺ 😐 ☹ erledigt ☐ kontrolliert ☐	*Bremsweg, Führerschein, Rettungswagen, Schaulustige, Unfall*
Freitag Unfallbericht ☺ 😐 ☹ erledigt ☐ kontrolliert ☐	*Auto, Autounfall, Bremsweg, Beule, Ecke, Euro, Fahrer, Fahrrad, Fahrradweg, Führerschein, Kreuzung, Polizei, Rettungswagen, Schaulustige, Schild, Schock, Straße, Traktor, Unfall, Unglück, Verkehrsunfall, Vollbremsung, Zebrastreifen*

Wochenthema: Nomen – Adjektive am Beispiel Bericht – Unfallbericht

Name: ____________________ Klasse: ____ Woche vom ____________ bis zum ____________

Montag Unfallbericht erledigt ☐ kontrolliert ☐	**Aufgabe:** *Du findest bestimmt zu den Nomen das Adjektiv.* Katastrophe – ____________ Ecke – ____________ Kratzer – ____________ Streifen – ____________ Blitz – ____________
Dienstag Unfallbericht erledigt ☐ kontrolliert ☐	**Aufgabe:** *Du findest bestimmt zu den Nomen das Adjektiv.* Zufall – ____________ Kratzer – ____________ Beule – ____________ Unglück – ____________ Verletzung – ____________
Mittwoch Unfallbericht erledigt ☐ kontrolliert ☐	**Aufgabe:** ***Verbinde, was zusammen passt.*** verletzlich – der Kratzer zufällig – der Zufall kratzig – die Ecke eckig – das Unglück unglücklich die Verletzung
Donnerstag Unfallbericht erledigt ☐ kontrolliert ☐	**Aufgabe:** *Du findest bestimmt zu den Adjektiven die Nomen.* groß – ____________ verbeult – ____________ verboten – ____________ beschädigt – ____________ unkonzentriert – ____________
Freitag Unfallbericht erledigt ☐ kontrolliert ☐	**Aufgabe:** *Bilde mit den Wörtern jeweils einen Satz und schreibe ihn in dein Heft.* **Autofahrer, Straße, Passant, Ampel, Zebrastreifen, fahren, halten, überqueren**

KOHL VERLAG Lernen mit Erfolg Wochenplan Nomen, Verben & Adjektive / Klasse 3/4 (Fördermaterial) – Bestell-Nr. 13 084

Wochenthema: Nomen – Adjektive am Beispiel Bericht – Unfallbericht

Name: ____________ Klasse: ___ Woche vom ____________ bis zum ____________

Montag Unfallbericht erledigt ☐ kontrolliert ☐	Katastrophe – katastrophal Ecke – eckig Kratzer – kratzig Streifen – gestreift Blitz – blitzartig
Dienstag Unfallbericht erledigt ☐ kontrolliert ☐	Zufall - zufällig Kratzer - verkratzt Beule - verbeult Unglück - unglücklich Verletzung - verletzt
Mittwoch Unfallbericht erledigt ☐ kontrolliert ☐	verletzlich – die Verletzung zufällig – der Zufall kratzig – der Kratzer eckig – die Ecke unglücklich – das Unglück
Donnerstag Unfallbericht erledigt ☐ kontrolliert ☐	groß – Größe, die Größe verbeult – Beule, die Beule verboten – Verbot, das Verbot beschädigt – Schaden, der Schaden unkonzentriert – Unkonzentriertheit, die Unkonzentriertheit
Freitag Unfallbericht erledigt ☐ kontrolliert ☐	Autofahrer fahren mit Autos. Auf der Straße ist viel los. Einige Passanten im Straßenverkehr sind nicht konzentriert. An der Ampel muss man bei rot anhalten. Vor Zebrastreifen sollen Autofahrer anhalten. Einige Autofahrer fahren oft zu schnell. Nicht alle Autofahrer halten die Straßenverkehrsregeln ein. Man sollte eine Straße nur überqueren, wenn kein Auto naht. individuelle Lösungen

KOHL VERLAG Wochenplan Nomen, Verben & Adjektive / Klasse 3/4 (Fördermaterial) – Bestell-Nr. 13 084

Wochenthema: Nomen – Verben am Beispiel Bericht – Unfallbericht

Name: ____________________ Klasse: ____ Woche vom ____________ bis zum ____________

Montag – Unfallbericht

erledigt ☐ kontrolliert ☐

Aufgabe: *Du findest bestimmt zu den Verben das Nomen.*

fahren – ______________________

anhalten – ______________________

bremsen – ______________________

anfahren – ______________________

kontrollieren – ______________________

Dienstag – Unfallbericht

erledigt ☐ kontrolliert ☐

Aufgabe: *Du findest bestimmt zu den Nomen das Verb.*

Blitz – ______________________

Fahrt – ______________________

Halt – ______________________

Rutsche – ______________________

Kreuzung – ______________________

Mittwoch – Unfallbericht

erledigt ☐ kontrolliert ☐

Aufgabe: ***Verbinde, was zusammen passt.***

blitzen –	der Alarm
alarmieren –	die Blitzeranlage
geschehen –	der Krach
krachen –	die Raserei
rasen	das Geschehen

Donnerstag – Unfallbericht

erledigt ☐ kontrolliert ☐

Aufgabe: *Du findest bestimmt zu den Verben die Nomen.*

kontrollieren – ______________________

halten – ______________________

rutschen – ______________________

fahren – ______________________

blitzen – ______________________

Freitag – Unfallbericht

erledigt ☐ kontrolliert ☐

Aufgabe: *Bilde mit den Wörtern jeweils einen Satz und schreibe ihn in dein Heft.*

Dunkelheit, Unfall, übersehen, schlecht, Fahrrad, Landstraße, Igel

Wochenthema: Nomen – Verben am Beispiel Bericht – Unfallbericht

Name: ____________________ Klasse: ____ Woche vom ____________ bis zum ____________

Montag

Unfallbericht

erledigt ☐
kontrolliert ☐

fahren – *die Fahrt*
anhalten – *der Halt*
bremsen – *die Bremse*
anfahren – *die Anfahrt*
kontrollieren – *die Kontrolle*

Dienstag

Unfallbericht

erledigt ☐
kontrolliert ☐

Blitz – *blitzen*
Fahrt – *fahren*
Halt – *anhalten*
Rutsche – *rutschen*
Kreuzung – *kreuzen*

Mittwoch

Unfallbericht

erledigt ☐
kontrolliert ☐

blitzen –	der Alarm
alarmieren –	die Blitzeranlage
geschehen –	der Krach
krachen –	die Raserei
rasen	das Geschehen

Donnerstag

Unfallbericht

erledigt ☐
kontrolliert ☐

kontrollieren – *die Kontrolle*
halten – *der Halt*
rutschen – *die Rutsche*
fahren – *die Fahrt*
blitzen – *der Blitzer*

Freitag

Unfallbericht

erledigt ☐
kontrolliert ☐

In der Dunkelheit sollte man Licht am Auto anmachen.
Ein Auto war am Unfall beteiligt.
Ohne Leuchtkleidung kann man im dunkeln übersehen werden.
Bei Dunkelheit können viele Fahrer schlecht sehen.
Ein Fahrrad sollte verkehrssicher sein.
Auf Landstraßen werden häufig Igel überfahren.
Igel haben Autos als Feind.

individuelle Lösungen

KOHL VERLAG Wochenplan Nomen, Verben & Adjektive / Klasse 3/4 (Fördermaterial) – Bestell-Nr. 13 084

Wochenthema: Nomen am Beispiel Brief

Name: ____________________ Klasse: ____ Woche vom ____________ bis zum ____________

Montag Brief ☺ 😐 ☹ erledigt ☐ kontrolliert ☐	**Aufgabe:** *Schreibe die Nomen mit bestimmten Begleiter (der, die, das) richtig auf. Bilde mit den Wörtern jeweils einen Satz und schreibe ihn in dein Heft.* __________ ort __________ __________ datum __________ __________ empfänger __________ __________ absender __________ __________ anschrift __________
Dienstag Brief ☺ 😐 ☹ erledigt ☐ kontrolliert ☐	**Aufgabe:** *Schreibe die Nomen mit unbestimmten Begleiter (ein, eine) richtig auf. Bilde mit den Wörtern jeweils einen Satz und schreibe ihn in dein Heft.* __________ schrift __________ __________ wunsch __________ __________ gruß __________ __________ handschrift __________ __________ briefumschlag __________ __________ briefpapier __________
Mittwoch Brief ☺ 😐 ☹ erledigt ☐ kontrolliert ☐	**Aufgabe:** *Schreibe die Nomen mit passendem Begleiter (der, die, das) richtig auf. Bilde mit den Wörtern jeweils einen Satz und schreibe ihn in dein Heft.* __________ fotos __________ __________ fragen __________ __________ wünsche __________
Donnerstag Brief ☺ 😐 ☹ erledigt ☐ kontrolliert ☐	**Aufgabe:** *Schreibe die Nomen mit passendem Begleiter (der, die, das) richtig auf. Bilde mit den Wörtern jeweils einen Satz und schreibe ihn in dein Heft.* __________ anrede __________ __________ schilderungen __________ __________ post __________
Freitag Brief ☺ 😐 ☹ erledigt ☐ kontrolliert ☐	**Aufgabe:** *Schreibe alle Nomen in der Einzahl und Mehrzahl richtig in dein Heft.* Beispiel: der Ort – die Orte

KOHL VERLAG Wochenplan Nomen, Verben & Adjektive / Klasse 3/4 (Fördermaterial) – Bestell-Nr. 13 084

Wochenthema: Nomen am Beispiel Brief

Name: ____________________ Klasse: ____ Woche vom ____________ bis zum ____________

Montag Brief erledigt ☐ kontrolliert ☐	der ort – der Ort das Datum – das Datum der empfänger – der Empfänger der absender – der Absender die anschrift – die Anschrift
Dienstag Brief erledigt ☐ kontrolliert ☐	eine schrift – eine Schrift ein wunsch – ein Wunsch ein gruß – ein Gruß eine handschrift – eine Handschrift ein briefumschlag – ein Briefumschlag ein briefpapier – ein Briefpapier
Mittwoch Brief erledigt ☐ kontrolliert ☐	die fotos – die Fotos die fragen – die Fragen die antworten – die Antworten die wünsche – die Wünsche
Donnerstag Brief erledigt ☐ kontrolliert ☐	die anrede – die Anrede die schilderungen – die Schilderungen die post – die Post
Freitag Brief erledigt ☐ kontrolliert ☐	der Ort – die Orte, das Datum – die Daten, der Empfänger - die Empfänger, der Absender – die Absender, die Anschrift – die Anschriften, eine Schrift – die Schriften, ein Wunsch – die Wünsche, ein Gruß – die Grüße, ein Briefumschlag – die Briefumschläge, ein Briefpapier – die Briefpapiere, das Foto – die Fotos, die Frage – die Fragen, der Wunsch – die Wünsche, die Anrede – die Anreden, die Schilderung – die Schilderungen, die Post – die Post

Wochenthema: Verben am Beispiel Brief

Name: ____________________ Klasse: ____ Woche vom ____________ bis zum ____________

Montag Brief ☺ 😐 ☹ erledigt ☐ kontrolliert ☐	**Aufgabe:** *Schreibe die Verben in der Ich – Form , in der Du – Form und in der Wir – Form in der Vergangenheit (Präteritum) in dein Heft. Finde selbst noch Beispiele.* **schreiben, lesen, wünschen, erfahren, abschicken** Beispiel: Ich schreibe, du schreibst, wir schreiben
Dienstag Brief ☺ 😐 ☹ erledigt ☐ kontrolliert ☐	**Aufgabe:** *Schreibe die Verben in der Ich – Form , in der Du – Form und in der Wir – Form in der Vergangenheit (Präteritum) in dein Heft. Finde selbst noch Beispiele.* **ankommen, frankieren, absenden, schildern** Beispiel: Ich komme an, du kommst an, wir kommen an
Mittwoch Brief ☺ 😐 ☹ erledigt ☐ kontrolliert ☐	**Aufgabe:** *Schreibe die Verben in der Ich – Form , in der Du – Form und in der Wir – Form in der Vergangenheit (Präteritum) in dein Heft. Finde selbst noch Beispiele.* **darstellen, berichten, schildern, freuen** Beispiel: Ich stelle dar, du stellst dar, wir stellen dar
Donnerstag Brief ☺ 😐 ☹ erledigt ☐ kontrolliert ☐	**Aufgabe:** *Schreibe die Verben in der Ich – Form , in der Du – Form und in der Wir – Form in der Vergangenheit (Präteritum) in dein Heft. Finde selbst noch Beispiele.* **warten, aufgeben, senden, adressieren, frankieren** Beispiel: Ich warte, du wartest, wir warten
Freitag Brief ☺ 😐 ☹ erledigt ☐ kontrolliert ☐	**Aufgabe:** *Schreibe noch mal alle Verben in dein Heft!*

KOHL VERLAG Wochenplan Nomen, Verben & Adjektive / Klasse 3/4 (Fördermaterial) – Bestell-Nr. 13 084

Wochenthema: Verben am Beispiel Brief

Name: ____________________ Klasse: ____ Woche vom ____________ bis zum ____________

Montag Unfallbericht ☺ 😐 ☹ erledigt ☐ kontrolliert ☐	Ich las, du lasest, wir lasen Ich wünschte, du wünschtest, wir wünschten Ich erfuhr, du erfuhrst, wir erfuhren Ich schickte ab, du schicktest ab, wir schickten ab
Dienstag Unfallbericht ☺ 😐 ☹ erledigt ☐ kontrolliert ☐	Ich kam an, du kamst an, wir kamen an Ich frankierte, du frankiertest, wir frankierten Ich sendete ab, du sendetest ab, wir sendeten ab Ich schilderte, du schildertest, wir schilderten
Mittwoch Unfallbericht ☺ 😐 ☹ erledigt ☐ kontrolliert ☐	Ich stellte dar, du stelltest dar, wir stellten dar Ich berichtete, du berichtetest, wir berichteten Ich schilderte, du schildertest, wir schilderten Ich freute mich, du freutest dich, wir freuten uns
Donnerstag Unfallbericht ☺ 😐 ☹ erledigt ☐ kontrolliert ☐	Ich wartete, du wartest, wir warten Ich gab auf, du gabst auf, wir gaben auf Ich sendete, du sendetest, wir sendeten Ich adressierte, du adressiertest, wir adressierten Ich frankierte, du frankiertest, wir frankierten
Freitag Unfallbericht ☺ 😐 ☹ erledigt ☐ kontrolliert ☐	schreiben, lesen, wünschen, erfahren, abschicken, ankommen, frankieren, absenden, schildern, darstellen, berichten, sich freuen, warten, aufgeben, senden, adressieren, frankieren

KOHL VERLAG Lernen mit Erfolg Wochenplan Nomen Verben & Adjektive / Klasse 3/4 (Fördermaterial) – Bestell-Nr. 13 084

Wochenthema: Adjektive am Beispiel Brief

Name: ____________ Klasse: ____ Woche vom ____________ bis zum ____________

Tag	Aufgabe
Montag Brief ☺ 😐 ☹ erledigt ☐ kontrolliert ☐	**Aufgabe:** *Du findest bestimmt zu jedem Adjektiv das Gegenteil.* glücklich – ____________ wartend – ____________ ungeduldig – ____________ freundlich – ____________ schnell – ____________ sauber – ____________
Dienstag Brief ☺ 😐 ☹ erledigt ☐ kontrolliert ☐	**Aufgabe:** *Du findest bestimmt zu jedem Adjektiv das Gegenteil.* viele – ____________ wenige – ____________ fantasievoll – ____________ farbig – ____________ rechtzeitig – ____________ verspätet – ____________
Mittwoch Brief ☺ 😐 ☹ erledigt ☐ kontrolliert ☐	**Aufgabe:** *Du findest bestimmt zu jedem Adjektiv das Gegenteil.* sauber – ____________ ordentlich – ____________ glatt – ____________ unordentlich – ____________ dreckig – ____________
Donnerstag Brief ☺ 😐 ☹ erledigt ☐ kontrolliert ☐	**Aufgabe:** *Du findest bestimmt zu jedem Adjektiv das Gegenteil.* schriftlich – ____________ selbstkritisch – ____________ knitterig – ____________
Freitag Brief ☺ 😐 ☹ erledigt ☐ kontrolliert ☐	**Aufgabe:** *Schreibe alle Wörter mit Gegenteil noch einmal in dein Heft!*

KOHL VERLAG Wochenplan Nomen, Verben & Adjektive / Klasse 3/4 (Fördermaterial) – Bestell-Nr. 13 084

Wochenthema: Adjektive am Beispiel Brief

Name: ____________________ Klasse: ____ Woche vom ____________ bis zum ____________

Montag Brief ☺ 😐 ☹ erledigt ☐ kontrolliert ☐	glücklich – unglücklich wartend – startend ungeduldig – geduldig freundlich – unfreundlich schnell – langsam sauber – dreckig
Dienstag Brief ☺ 😐 ☹ erledigt ☐ kontrolliert ☐	viele – wenige wenige – viele fantasievoll – fantasielos farbig – uni rechtzeitig – verspätet verspätet – pünktlich
Mittwoch Brief ☺ 😐 ☹ erledigt ☐ kontrolliert ☐	sauber – dreckig ordentlich – unordentlich glatt – rau unordentlich – ordentlich dreckig – sauber
Donnerstag Brief ☺ 😐 ☹ erledigt ☐ kontrolliert ☐	schriftlich – mündlich selbstkritisch – unkritisch knitterig – glatt
Freitag Brief ☺ 😐 ☹ erledigt ☐ kontrolliert ☐	glücklich – unglücklich, wartend – startend, ungeduldig – geduldig freundlich – unfreundlich, schnell – langsam, sauber – dreckig viele – wenige, fantasievoll – fantasielos, farbig – uni, rechtzeitig – verspätet, verspätet – pünktlich, ordentlich – unordentlich, glatt – rau, schriftlich – mündlich, selbstkritisch – unkritisch, knitterig – glatt

Wochenthema: Silbentrennung mit Wörtern zum Brief

Name: ____________ Klasse: ____ Woche vom ____________ bis zum ____________

Montag Brief erledigt ☐ kontrolliert ☐	**Aufgabe:** *Schreibe die Wörter wie im Beispiel mit Silbentrennung auf.* *Beispiel: Anschrift – An - schrift* Adresse – ____________ Post – ____________ Briefmarke – ____________ Brief – ____________
Dienstag Brief erledigt ☐ kontrolliert ☐	**Aufgabe:** *Schreibe die Wörter wie im Beispiel mit Silbentrennung auf.* *Beispiel: Wünsche – Wün - sche* Grüße – ____________ Briefumschlag – ____________ Briefpapier – ____________ Fotos – ____________ Antworten – ____________
Mittwoch Brief erledigt ☐ kontrolliert ☐	**Aufgabe:** *Schreibe die Wörter wie im Beispiel mit Silbentrennung auf.* *Beispiel: Unterschrift – Un - ter - schrift* Schlusswort – ____________ Datum – ____________ Poststelle – ____________ Stempel – ____________
Donnerstag Brief erledigt ☐ kontrolliert ☐	**Aufgabe:** *Schreibe die Wörter wie im Beispiel mit Silbentrennung auf.* *Beispiel: Kugelschreiber – Ku - gel - schrei - ber* Checkliste – ____________ Notizen – ____________ Füller – ____________
Freitag Brief erledigt ☐ kontrolliert ☐	**Aufgabe:** *Schreibe alle Wörter mit Silbentrennung in dein Heft.*

Wochenthema: Silbentrennung mit Wörtern zum Brief

Name: ____________________ Klasse: ____ Woche vom ____________ bis zum ____________

Montag Brief ☺ 😐 ☹ erledigt ☐ kontrolliert ☐	Adresse – *Adres - se* Post – *Post* Briefmarke – *Brief - mar - ke* Brief – *Brief*
Dienstag Brief ☺ 😐 ☹ erledigt ☐ kontrolliert ☐	Grüße – *Grü - ße* Briefumschlag – *Brief - um - schlag* Briefpapier – *Brief - pa - pier* Fotos – *Fo - tos* Antworten – *Ant - wor - ten*
Mittwoch Brief ☺ 😐 ☹ erledigt ☐ kontrolliert ☐	Schlusswort – *Schluss - wort* Datum – *Da - tum* Poststelle – *Post - stel - le* Stempel – *Stem - pel*
Donnerstag Brief ☺ 😐 ☹ erledigt ☐ kontrolliert ☐	Checkliste – *Check - lis - te* Notizen – *No - ti - zen* Füller – *Fül - ler*
Freitag Brief ☺ 😐 ☹ erledigt ☐ kontrolliert ☐	*Adres - se, Post, Brief - mar - ke, Brief, Grü - ße,* *Brief - um - schlag, Brief - pa - pier, Fo - tos, Ant - wor - ten,* *Schluss - wort , Da - tum, Post - stel - le, Stem - pel,* *Check - lis - te, No - ti - zen, Fül - ler*

KOHL VERLAG Wochenplan Nomen Verben & Adjektive / Klasse 3/4 (Fördermaterial) – Bestell-Nr. 13 084

Wochenthema: ABC – Übungen am Beispiel Brief

Name: ________________ Klasse: ____ Woche vom __________ bis zum __________

Montag Brief ☺ 😐 ☹ erledigt ☐ kontrolliert ☐	**Aufgabe:** *Ordne die Wörter nach dem ABC.* Brief, Poststelle, Schrift, Anschrift, Wünsche, Porto, Datum ____________________ ____________________ ____________________ ____________________
Dienstag Brief ☺ 😐 ☹ erledigt ☐ kontrolliert ☐	**Aufgabe:** *Ordne die Wörter nach dem ABC.* Briefumschlag, Ideen, Absender, Handschrift, Euro, Stempel ____________________ ____________________ ____________________ ____________________
Mittwoch Brief ☺ 😐 ☹ erledigt ☐ kontrolliert ☐	**Aufgabe:** *Ordne die Wörter nach dem ABC.* Schlusswort, Unterschrift, Briefpapier, Wünsche, Grüße ____________________ ____________________ ____________________ ____________________
Donnerstag Brief ☺ 😐 ☹ erledigt ☐ kontrolliert ☐	**Aufgabe:** *Ordne die Wörter nach dem ABC.* Checkliste, Anschrift, Fotos, Antworten, Umschlag, Unterschrift ____________________ ____________________ ____________________ ____________________
Freitag Brief ☺ 😐 ☹ erledigt ☐ kontrolliert ☐	**Aufgabe:** *Ordne alle Wörter von diesem Wochenplan nach dem ABC. Benutze jedes Wort nur einmal. Schreibe alle Wörter in dein Heft.*

KOHL VERLAG Wochenplan Nomen, Verben & Adjektive / Klasse 3/4 (Fördermaterial) – Bestell-Nr. 13 084

Wochenthema: ABC – Übungen am Beispiel Brief

Name: ____________________ Klasse: ____ Woche vom ____________ bis zum ____________

Montag Brief ☺ 😐 ☹ erledigt ☐ kontrolliert ☐	*Anschrift, Brief, Datum, Porto, Poststelle, Schrift, Wünsche*
Dienstag Brief ☺ 😐 ☹ erledigt ☐ kontrolliert ☐	*Absender, Briefumschlag, Euro, Handschrift, Ideen, Stempel*
Mittwoch Brief ☺ 😐 ☹ erledigt ☐ kontrolliert ☐	*Briefpapier, Grüße, Schlusswort, Unterschrift, Wünsche*
Donnerstag Brief ☺ 😐 ☹ erledigt ☐ kontrolliert ☐	*Anschrift, Antworten, Checkliste, Fotos, Umschlag*
Freitag Brief ☺ 😐 ☹ erledigt ☐ kontrolliert ☐	*Absender, Anschrift, Antworten, Brief, Briefpapier, Briefumschlag, Checkliste, Datum, Euro, Fotos, Grüße, Handschrift, Ideen, Porto, Poststelle, Schlusswort, Schrift, Stempel, Umschlag, Unterschrift, Wünsche*

Wochenthema: Nomen – Adjektive am Beispiel Brief

Name: ____________ Klasse: ____ Woche vom ____________ bis zum ____________

Montag Brief erledigt ☐ kontrolliert ☐	**<u>Aufgabe</u>:** *Du findest bestimmt zu den Nomen das Adjektiv.* Pünktlichkeit – ____________ Schnelligkeit – ____________ Verspätung – ____________ Schwere – ____________ Leichtigkeit – ____________ Unterschied – ____________
Dienstag Brief erledigt ☐ kontrolliert ☐	**<u>Aufgabe</u>:** *Du findest bestimmt zu den Nomen das Adjektiv.* Wirklichkeit – ____________ Glück – ____________ Richtigkeit – ____________ Liebe – ____________ Kleinigkeit – ____________
Mittwoch Brief erledigt ☐ kontrolliert ☐	**<u>Aufgabe</u>:** *Verbinde, was zusammen passt.* anschreiben — der Absender absenden — das Anschreiben adressieren — der Umschlag empfangen — der Empfänger umschlagen — der Adressat
Donnerstag Brief erledigt ☐ kontrolliert ☐	**<u>Aufgabe</u>:** *Du findest bestimmt zu den Adjektiven die Nomen.* schwer – ____________ leicht – ____________ schnell – ____________ handschriftlich – ____________ verspätet – ____________
Freitag Brief erledigt ☐ kontrolliert ☐	**<u>Aufgabe</u>:** *Bilde mit den folgenden Wörtern jeweils einen Satz und schreibe ihn in dein Heft.* **Brief, Anschrift, Absender, Postweg, Briefmarke, unterwegs, frankieren, ankommen**

KOHL VERLAG Lernen mit Erfolg Wochenplan Nomen, Verben & Adjektive / Klasse 3/4 (Fördermaterial) – Bestell-Nr. 13 084

Wochenthema: Nomen – Adjektive am Beispiel Brief

Name: ____________ Klasse: ____ Woche vom ________ bis zum ________

Montag Brief erledigt ☐ kontrolliert ☐	Pünktlichkeit – *pünktlich* Schnelligkeit – *schnell* Verspätung – *verspätet* Schwere – *schwer* Leichtigkeit – *leicht* Unterschied – *unterschiedlich*
Dienstag Brief erledigt ☐ kontrolliert ☐	Wirklichkeit – *wirklich* Glück – *glücklich* Richtigkeit – *richtig* Liebe – *liebevoll* Kleinigkeit – *klein*
Mittwoch Brief erledigt ☐ kontrolliert ☐	anschreiben – das Anschreiben absenden – der Absender adressieren – der Adressat empfangen – der Empfänger umschlagen – der Umschlag
Donnerstag Brief erledigt ☐ kontrolliert ☐	schwer – *die Schwere* leicht – *die Leichtigkeit* schnell – *die Schnelligkeit* handschriftlich – *die Handschrift* verspätet – *die Verspätung*
Freitag Brief erledigt ☐ kontrolliert ☐	*Ich schreibe gerne einen Brief.* *Ich kenne nicht immer alle Anschriften auswendig.* *Mein Absender ist immer gleich.* *Auf dem Postweg verschicke ich Briefe.* *Ich klebe Briefmarken auf Briefe.* *Manchmal ist ein Brief lange unterwegs.* *Man muss Briefe ausreichend frankieren, sonst muss der Empfänger nachzahlen.* *Nicht immer kommen Briefe pünktlich an.* individuelle Lösungen

Wochenthema: Nomen – Verben am Beispiel Brief

Name: ________________ Klasse: ____ Woche vom __________ bis zum __________

Montag Brief ☺ 😐 ☹ erledigt ☐ kontrolliert ☐	**Aufgabe:** *Du findest bestimmt zu den Verben das Nomen.* absenden – ______________ ankommen – ______________ bezahlen – ______________ schreiben – ______________ unterschreiben – ______________
Dienstag Brief ☺ 😐 ☹ erledigt ☐ kontrolliert ☐	**Aufgabe:** *Du findest bestimmt zu den Nomen das Verb.* Absender – ______________ Ankunft – ______________ Bezahlung – ______________ Schreiben – ______________ Unterschrift – ______________
Mittwoch Brief ☺ 😐 ☹ erledigt ☐ kontrolliert ☐	**Aufgabe:** ***Verbinde, was zusammen passt.*** absenden – die Adresse adressieren – der Absender bezahlen – die Verfolgung schreiben – das Schreiben verfolgen die Bezahlung
Donnerstag Brief ☺ 😐 ☹ erledigt ☐ kontrolliert ☐	**Aufgabe:** *Du findest bestimmt zu den Verben die Nomen.* absenden – ______________ adressieren – ______________ bezahlen – ______________ schreiben – ______________ unterschreiben – ______________
Freitag Brief ☺ 😐 ☹ erledigt ☐ kontrolliert ☐	**Aufgabe:** *Bilde mit den Wörtern jeweils einen Satz und schreibe ihn in dein Heft.* **Brief, lang, Briefmarke, Poststelle, unterschreiben, ankommen, schnell**

KOHL VERLAG Wochenplan Nomen, Verben & Adjektive / Klasse 3/4 (Fördermaterial) – Bestell-Nr. 13 084

Wochenthema: Nomen – Verben am Beispiel Brief

Name: ____________________ Klasse: ___ Woche vom ____________ bis zum ____________

Montag

Brief

erledigt ☐
kontrolliert ☐

absenden – *der Absender*
ankommen – *die Ankunft*
bezahlen – *die Bezahlung*
schreiben – *das Schreiben*
unterschreiben – *die Unterschrift*

Dienstag

Brief

erledigt ☐
kontrolliert ☐

Absender – *absenden*
Ankunft – *ankommen*
Bezahlung – *bezahlen*
Schreiben – *schreiben*
Unterschrift – *unterschreiben*

Mittwoch

Brief

erledigt ☐
kontrolliert ☐

absenden – der Absender
adressieren – die Adresse
bezahlen – die Bezahlung
schreiben – das Schreiben
verfolgen – die Verfolgung

Donnerstag

Brief

erledigt ☐
kontrolliert ☐

absenden – *der Absender*
adressieren – *die Adresse*
bezahlen – *die Bezahlung*
schreiben – *das Schreiben*
unterschreiben – *die Unterschrift*

Freitag

Brief

erledigt ☐
kontrolliert ☐

Ich bekomme gerne einen Brief.
Mein letzter Brief war nicht lang.
Eine Briefmarke gehört auf jeden Brief.
Manche Poststellen haben über Mittag geschlossen.
Einen Brief kann man unterschreiben.
Manchmal kommt ein Brief verspätet an.
Nicht alle Briefe kamen schnell an.

individuelle Lösungen

na Blum

scape Room Feeling – Grammatik

nackt den Code!" - Praktische Mini-Lerneinheiten

as Knobeln und Rätselknacken mit dem Ziel, sich aus einem aum" zu befreien, stärken nicht nur das logische, sondern auch s zielgerichtete Denken. Und ganz nebenbei werden so auch hlerschwerpunkte im Bereich der Grammatik trainiert! Auf geht's löst die Rätsel und knackt des Code! Jedes Spiel beginnt mit ei- r spannenden und rätselbehafteten Geschichte. Am Ende geben Hauptfiguren der Geschichte einen Zahlencode ein, um ans Ziel kommen oder sich zu befreien. Diesen Zahlencode kannst nur knacken!

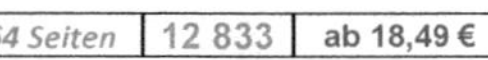
4 Seiten | 12 833 | ab 18,49 €

3 4

olfgang Wertenbroch & Ulrike Stolz

en Satzbau kinderleicht erlernen

hand kinderleichter Übungen erlernen die Schüler in Begleitung n Joschi & Valentin (hübsch illustriert von Julia Roth) auf spiele- che Weise, wie der Satzbau funktioniert. Dabei werden die ein- lnen Wortarten besonders herausgehoben und deren jeweilige ellung bei der Satzbildung auch in Nebensätzen ausführlich be- ndelt. Die Regeln werden vor jeder Übung ausführlich erklärt, die ungen selbst sind so kinderleicht konzipiert, dass auch schwache hüler*innen „mithalten" können.

4 Seiten | 10 627 | ab 14,99 €

FÖ PDF plus
3 4

efanie Kraus & Sabine Hauke

ie Satzbau-Werkstatt

ielideen & Übungen zum Satzbautraining

ielideen und verschiedene Übungen auf einzelnen Arbeitsblät- n bieten zahlreiche Möglichkeiten, den Satzbau kinderleicht zu inieren. Neben gängigen und zugleich unerlässlichen Übungen m Satzbau werden zu einigen Satzstellungen und Fällen auch ielideen sowie fertige Spiele zur Partner- und Gruppenarbeit an- boten. **Mit 16 Extraseiten auf dickem Papier zum Ausschnei- n.**

0 Seiten | 11 003 | ab 18,49 €

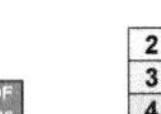
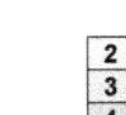
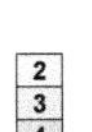
2 3 4

rst Hartmann & Petra Zwerenz

ie Zeitformen

rundlegende kleinschrittige Übungen

as Konzept bietet neben grundlegenden und vielfältigen ungen im differenzierenden Bereich zusätzliche Materialien Kinder mit besonderem Förderbedarf an und berücksichtigt nder, die sprachliche Herausforderungen suchen. Beispiele aus m Inhalt, der kleinschrittig umgesetzt wird: Die Kinder betrach- n und üben die Zeitformen einzeln, übertragen Texte in die je- ils andere Zeitform, erkennen die Infinitive und les andere mehr.

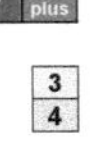
FÖ PDF plus

räsens & Präteritum	11 739	je 64 Seiten
erfekt & Futur	11 867	ab 14,99 €

3 4

Gary M. Forester

Die Wortarten

Übersichtlich • anschaulich • verständlich

Die Wortarten als Legematerial – die Sternlegeform ergibt eine anschauliche Übersicht. Erklärt werden die wesentlichen Merkmale, die sowohl durch einzelne Beispiele als auch durch jeweils ein Beispiel im Satzzusammenhang veranschaulicht werden. Dabei werden die Schüler dazu angeregt, eigene Beispiele zu finden bzw. die Wortart innerhalb eines Satzes zu erkennen.

FARBIG | 24 Seiten | 15 035 | ab 14,49 €

3 4

Gary M. Forester

Die Zeiten ... kurz & knapp

Alle Zeitformen im Überblick anschaulich und verständlich in Sternform gelegt. Die Vorderseite erklärt das Aktiv, die Rückseite das Passiv in allen Zeitformen. So ist diese Form der Grammatik für viele Klassenstufen einsetzbar. Je nach aktuellem Wissenstand wird Aktiv oder Passiv gelegt, geübt und verstanden. Die deutsche Grammatik zu verstehen dient auch als Grundlage für das Verstehen der Fremdsprachengrammatik. Eine zusätzliche Übersichtskarte dient als schnelle Hilfestellung.

FARBIG | 24 Seiten | 15 024 | ab 14,49 €

3 4

Gary M. Forester

Die Fälle ... kurz & knapp!

Ein mehrteiliges Legematerial rund um das Thema „Die Fälle". Die Kärtchen müssen passend am Mittelstück angelegt werden, sodass ein mehrstrahliger Stern entsteht. Aufgegriffen werden die Themen: „Wie fragt man im jeweiligen Fall" oder „Wie werden Wörter in den vier Fällen gebeugt?". Außerdem werden die Schüler dazu angeregt, selbst Fälle zu erkennen. Das Material eignet sich sowohl für die Freiarbeit als auch für die Arbeit im Klassenverband.

FARBIG | 24 Seiten | 15 046 | ab 14,49 €

3 4

Gary M. Forester

Die Satzglieder ... kurz & knapp!

Tolles Legematerial rund um die Satzglieder im Deutschen, bei dem die Schüler*innen durch Zuordnen von Legekärtchen Antworten auf Fragen wie „Wie fragt man nach den einzelnen Satzgliedern?" oder „Welche Besonderheiten hat das jeweilige Satzglied?" finden. Der Band beinhaltet mehrteiliges Legematerial rund um das Thema „Die Satzglieder". Werden die Kärtchen passend am Mittelstück angelegt, entsteht ein mehrgliedriger Stern, welcher als Kontrolle und Bestätigung der richtigen Lösungen dient.

FARBIG | 24 Seiten | 15 069 | ab 14,99 €

3 4

Gary M. Forester

Teekesselchen Wörter mit mehreren Bedeutungen

Die deutsche Sprache bietet Begriffe mit mehreren Bedeutungen, was zu kuriosen Situationen führen kann. Im Mittelpunkt steht das Kennenlernen der wichtigsten Ausdrücke von ...

1. Begriffen mit gleicher Schreibweise aber mehrfacher Bedeutung (Homographie) sowie ...
2. gleichklingenden Begriffen mit unterschiedlicher Schreibweise (Homophonie).

FARBIG | 48 Seiten | 15 023 | ab 17,49 €

2 3 4

via Nietsche, Sabine Hauke & Autorenteam Kohl-Verlag

rammatik ... für die Grundschule

e Vermittlung der Grammatikregeln ist vielen Schüler*innen lästig – aber für eine ordentliche Aus- ucksfähigkeit von entscheidender Bedeutung. Damit der Stoff nachhaltig verinnerlicht wird, sollten die ungen motivierend wirken und spielerisch sein. Bei der Erstellung der Arbeitsblätter der Reihe „Gram- atik für die Grundschule" wurde genau dies berücksichtigt: motivierender Kontext, spielerische Zugän- n, lebensnahe kindgerechte Situationen ... so macht vertiefendes und wiederholendes Lernen Spaß!

ie Wortarten: Neben den grundlegenden Wortarten Nomen, Verben und Adjektive werden auch die sonderen Wortarten angesprochen. Jede Wortart wird ausführlich erläutert, anhand eines Beispieles klärt und im Folgetransfer von den Schülern in verschiedenen Aufgabenformen geübt.

ie Zeiten: Wir behandeln vier grundlegende Zeitformen. Neben der Gegenwart (Präsens) werden auch e erste (Präteritum) und die zweite Vergangenheit (Perfekt), sowie die Zukunftsform (Futur I) behandelt. de Zeitform wird ausführlich und schülergerecht erklärt und kann mit differenzierten Übungsaufgaben dividuell vertieft werden.

e Fälle: Die vier Fälle werden einzeln behandelt und später auch in Kombination angewandt und er- nnt. Somit wird nicht nur Grammatik, sondern auch der sprachliche Ausdruck trainiert.

ie Satzglieder: Die grammatikalische Funktion, korrekte Anwendung und nterscheidung der einzelnen Satzglieder wird über verschiedene Übungen schlossen. Der Überblick über richtigen Satzbau dient auch als Grundlage das Erlernen der Fremdsprache.

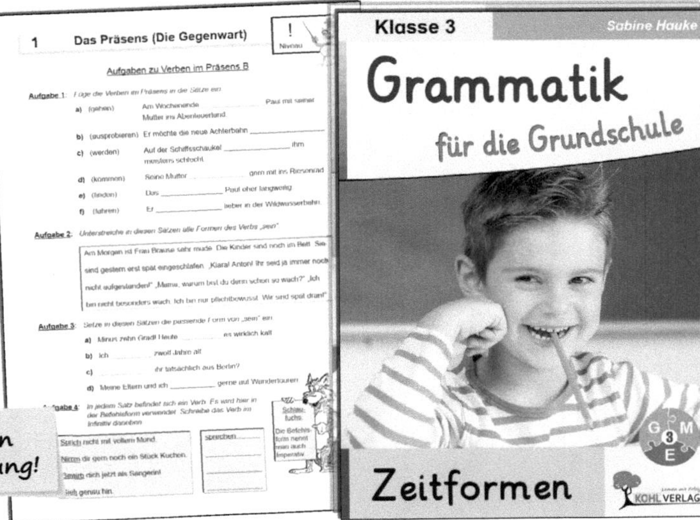

80 Seiten	Wortarten	Klasse 3	11 868	ab 16,49 €
80 Seiten		Klasse 4	11 869	ab 16,49 €
64 Seiten	Zeiten	Klasse 3	11 955	ab 13,49 €
64 Seiten		Klasse 4	11 956	ab 14,99 €
64 Seiten	Fälle	Klasse 3	12 059	ab 13,49 €
68 Seiten		Klasse 4	12 060	ab 15,99 €
48 Seiten	Satzglieder	Klasse 3	12 122	ab 13,49 €
48 Seiten		Klasse 4	12 123	ab 13,49 €

3 4

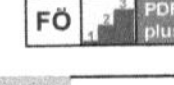
FÖ PDF plus

Lernen mit Erfolg
KOHL VERLAG
www.kohlverlag.de